英語学を
英語授業に
活かす

市河賞の精神を受け継いで

池内正幸
窪薗晴夫
小菅和也 [編]

序　章

──はしがきに代えて──*

　1967 年に第 1 回の授賞を行い，長らく英語学関係の唯一の賞であった一般財団法人語学教育研究所主催の「市河賞」は，2016 年の第 50 回目の授賞をもって終了した。[1]『市河賞 36 年の軌跡』によると，その市河賞の授賞対象領域について，「現代英語を中心とする語学的研究（日本の英語教育にも無関心でないものが望ましい）。」（傍点筆者，以下同様）とある。また，名実ともに市河賞の由来である市河三喜先生の業績について，語研の『規程集』（p. 46）には，「… 研究所所長・理事長を歴任した市河三喜博士の，英語学及び英語教育の発展に寄与した功績を記念し …」とある。[2]

　このように，市河賞そして市河三喜先生については，英語学と英語教育というのがキーワードであったと言ってよい。英語学と英語教育の深い関係は，現代英語学の草創期にはごく自然なことであった。英語学が philology の頃である。市河賞 50 回とその

　＊　本稿の作成に際して，草稿段階で中村捷氏から貴重なご指摘をいただいた。ここに記して謝意を表する。

　[1] 詳しい経緯などについては，『語研ジャーナル』第 16 号 November 2017 の「特集 II：市河賞 50 回記念」および『語研だより』335 号（2017/4）を参照されたい。

　[2] たとえば，市河（1933），市河三喜（監修）語学教育研究所（編）（1962）『英語教授法事典』（開拓社），検定教科書 *A New Concise School Grammar* (1928)（同『事典』p. 108 参照）などが挙げられよう。

iii

終了のこの機会に，われわれは，この伝統と精神を確認し，受け継ぎ，後世にも残すべく，英語学・言語学から英語教育・英語授業に対して具体的にどのような貢献ができるかについて考察する論考を集めた本書を企画・編集した。

執筆者は，市河賞の上記終了時点での市河賞委員会委員 11 名と，以前の市河賞委員会委員長と幹事 4 名，および，語研メンバーである中学校・高等学校の英語教員 2 名の総勢 17 名からなる。

本書の特長としてまず指摘したいのは，英語学・言語学側から英語教育に“一歩”踏み込んでいるということである。実は，英語学と英語教育の関連の問題は，古くて新しい問題である。歴史を少し紐解くと，古くは 1935-37 年に刊行された『英語教育叢書』（全 31 巻）（研究社）の第 1 回配本第 3 巻に神保（1935）があり，[3] 生成文法・変形文法となると，1964-66 年に刊行された『現代英語教育講座』（全 12 巻）（研究社出版）の第 6 巻が『英語の文法』で，その中に松浪（1965）がある。実際，1960 ～ 1980 年代には，英語学・変形文法と英語教育についての数多くの著作・論考などが刊行されている（たとえば，当時の市河賞委員会委員であった先生方の著作も含めて，長谷川ほか（1970），伊藤（1976），伊藤ほか（1982），小泉（1979），升川（1975），中島（1976），小川（1978），太田（1966, 1977, 1997），Ota（1977），大塚（1965），斎藤（1978），鳥居ほか（1969），安井（1973,

---

[3] これは，19 世紀末の文献から始め，現在でいうところの普遍文法と個別文法を区別しているところなど興味深い指摘がある。なお，本書に目を通すことができたのは，研究社の津田正氏のご好意による。記して謝意を表したい。

1978, 2011）などが挙げられる）。[4] しかし，この当時の議論というのは，（一部を除いて）概ね，いわゆる新言語学（構造主義言語学，変形文法）の解説／概論であったり，当時の変形文法ではこう分析するといった類の紹介であったり，あるいは，当時の変形規則をいわば「生」の形のまま授業に導入するといった試み，そして，英語学と英語教育の関係や前者から後者への影響についての概観とか抽象的な指摘・意見などであったと言ってよい。具体的な事実や成果・知見を利用した詳しい議論になるのは，かなり後になるようである（安井（1988），岡田（2001））。[5] ただ，このような場合にも（そして，それは最近でも），しばしば，「「例えばこういう事実や分析があります。それらを知っていると英語教育に役立ちます。」と英語学・言語学者が述べる」というような形の議論になっていると言って過言ではない。そうすると，それらの事実や指摘が，具体的には授業のどの段階でどのような事項を扱っている時に，どのように有効活用できるのかについては，また，実際役立つかどうかの検証も含めて，結局，一方的に中学校・高等学校の現場の英語教員に委ね，それぞれ自分で考え検討・判断してもらうということになる。そうではなく，英語学者の方も授業内容・教科書教材に（少なくとも）もう少し踏み込んで議論することがあってよいのではないか，むしろ，もっとそうすべきである，というのがわれわれの考え方であり，それこそが，上で触れた市河賞の精神というべきものであると考える。そ

---

[4] 最近の出版で当時の論考を含むものも挙げている。

[5] それから最近の藤田ほか（編）（2012），長谷川（編）（2015），長（2016），中川ほか（編著）（2017）などまで，それぞれの視点からのそれぞれの考察がある。

れを反映した形で，本書では，多くの論考で，検定済み教科書を精査してその文例に言及するなど，何らかの形で教科書に言及しながら議論が行われる（そして，そうでない場合にも，上述のようなことにならないようにすべく，可能な限り易しく，丁寧・親切に綴るということを心掛けている）。これがまず第1の特長である。

　次に，英語学からの英語教育への貢献を目指す論集というと，まずは通例，大学の教員がいわばうんちくを傾け，やや誇張して言えば，それを有り難く拝聴するという形を取っているように見受けられる。中・高等学校の英語教員の意見や声を直接反映させるということはまずないと言ってよい。本書では，上述のように市河賞が語研の賞であったことをも勘案して，現役の中学校・高等学校英語教員の方に参加していただいた。そして，英語学・言語学(者)への要望・注文や評価といったものを述べてもらうという試みをしている。これが，第2の特長である。

　本書は大きく4つの部から成っている。まず，第Ⅰ部は，特定のトピックを取り上げながら英語学・言語学の知識・知見とその英語教育・英語授業への貢献，英語教育・英語授業との関係などについて論じる4つの章から始まる。ついで，現役の中学校・高等学校英語教員からの英語学・言語学への率直な評価・期待・疑問などが述べられる2章が続く。第Ⅱ部は，文型と構文に特化した議論を行う5章から成る。第Ⅲ部は，冠詞と時制の問題を扱う3章である。最後に，日本語との対照，日英語の比較に焦点を当てた3章から成る第Ⅳ部が続く。全17編の論考から成るが，必ずしも最初から順に読んでいただく必要はなく（もちろん順番に読んで行っていただいて構わないが），それぞれの読

者にとって興味あるテーマを扱っている章を拾い読みして下さって構わない。その意味では各章は独立・完結している。

さて，2018 年 2 月 14 日，文部科学省が，2022 年度から実施される予定の高等学校の学習指導要領改訂案を公表した。[6]「高等学校学習指導要領（案）」の外国語は 26 ページに渡るものであるが，「高等学校学習指導要領の改訂（案）のポイント」によると，「5. 教育内容の主な改善事項」の 1 つに「外国語教育の充実」として，

- 統合的な言語活動を通して「聞くこと」「読むこと」「話すこと［やり取り・発表］」「書くこと」の力をバランスよく育成するための科目（「英語コミュニケーション I, II, III」）や，発信力の強化に特化した科目を新設（「論理・表現 I, II, III」）
- 小・中・高等学校一貫した学びを重視して外国語能力の向上を図る目標を設定し，目的や場面，状況などに応じて外国語でコミュニケーションを図る力を着実に育成

が挙げられている。さらに，「指導要領（案）」本体では，第 8 節外国語の「第 3 款 各科目に共通する指導計画の作成と内容の取扱い」の中に，

1 指導計画の作成に当たっては，小学校や中学校における指導との接続に留意しながら，次の事項に配慮するものとする。

---

[6] 詳しくは文部科学省の HP を。なお，公示は 3 月 30 日。以下の引用部分では実質的な修正はない。

viii

(1) … 生徒の主体的・対話的で深い学びの実現を図るようにすること。その際，具体的な課題等を設定し，生徒が外国語によるコミュニケーションにおける見方・考え方を働かせながら，コミュニケーションの目的や場面，状況などを意識して活動を行い，英語の音声や語彙，表現，文法などの知識を … 実際のコミュニケーションにおいて活用する学習の充実を図ること。(p. 239)

また，

2 内容の取扱いに当たっては，次の事項に配慮するものとする。
…
(3) 文法事項の指導に当たっては，文法はコミュニケーションを支えるものであることを踏まえ，過度に文法的な正しさのみを強調したり，用語や用法の区別などの指導が中心となったりしないよう配慮し，使用する場面や伝えようとする内容と関連付けて整理するなど，実際のコミュニケーションにおいて活用できるように，効果的な指導を工夫すること。(p. 240)

さらに，

3 教材については，次の事項に留意するものとする。
(1) 教材は，五つの領域別の言語活動及び複数の領域を結び付けた統合的な言語活動を通してコミュニケーションを図る資質・能力を総合的に育成するため，各科目の五つの領域別の目標と 2 に示す内容との関係について，単

元など内容や時間のまとまりごとに各教材の中で明確に
示すとともに，実際の言語の使用場面や言語の働きに十
分に配慮した題材を取り上げること。その際，各科目の
内容の (1) に示す文法事項などを中心とした構成となら
ないよう十分に留意し，コミュニケーションを行う目的
や場面，状況などを設定した上で，言語活動を通して育
成すべき資質・能力を明確に示すこと。(p. 241)

とある。

　やはり，"コミュニケーション"，"コミュニケーション"であ
る。その一方で，上の「第3款 各科目に共通する指導計画の作
成と内容の取扱い」の「1 指導計画の作成に当たっては，小学校
や中学校における指導との接続に留意しながら，次の事項に配慮
するものとする。」の (5) に，

(5) 実際に英語を使用して自分自身の考えを伝え合うなど
の言語活動を行う際は，既習の語句や文構造，文法事項
などの学習内容を繰り返し指導し定着を図ること。(p.
239)

ともある。当然のことではあるが，十分な基礎知識無くして実効
的で意味のあるアクティブラーニングはありえないだろうし，相
応・相当の文法知識・文法理解なくして意義ある真の言語コミュ
ニケーションはあり得ないだろうというのはこれまでと変わらな
いということである。その意味では，本書の論考の価値は今後も
不変である。

　最後に，国立国語研究所非常勤研究員の吉田夏也氏には正確・

的確な書式チェックをしていただいた。また，開拓社の川田賢氏には（いつものように）企画段階から大変お世話になった。いずれもここに記して感謝の意を表する次第である。

本書が，英語学・言語学者にとってわずかながらでも刺激となり，そして，中学校・高等学校の英語教育・授業に少しでも資することがあれば，編者としてはこの上ない幸いである。

2018 年　春

池内　正幸

窪薗　晴夫

小菅　和也

参照・参考文献

長加奈子 (2016)『認知言語学を英語教育に生かす』金星堂，東京.

藤田耕司・松本マスミ・児玉一宏・谷口一美（編）(2012)『最新言語理論を英語教育に活用する』開拓社，東京.

長谷川克哉・石上守男・大野三郎 (1970)『変形文法と英語教育　実践と記録編』明治図書，東京.

長谷川信子（編）(2015)『日本の英語教育の今，そして，これから』開拓社，東京.

市河三喜 (1933)「英語教授の合理化と簡易化に就て」『英文学研究』第13 巻，289-302.

伊藤克敏 (1976)「変形文法と英語教育」『英語教育と英語学』（講座　新しい英語教育 II），52-74，大修館書店，東京.

伊藤健三・島岡丘・村田勇三郎 (1982)『英語学と英語教育』（英語学体系 12），大修館書店，東京.

神保格 (1935)『英語教授法の言語學的基礎』研究社，東京.

小泉保 (1979)「言語理論の英語教育への応用」『英語教育と関連科学』

（現代の英語教育 第 2 巻），87-128，研究社出版，東京.

升川潔 (1975)『言語理論の生かし方』（英語教育ライブラリー 第八巻），開隆堂，東京.

松浪有 (1965)「学校文法と科学文法」『英語の文法』（現代英語教育講座 第六巻），151-187，研究社出版，東京.

中川直志・松元洋介・吉川寛（編著）(2017)『英語学と英語教育の接点』金星堂，東京.

中島文雄 (1976)「英語教育と言語学」『英語教育と英語学』（講座 新しい英語教育 II），1-15，大修館書店，東京.

小川芳男 (1978)「英語教授法のあゆみ」『英語教授法各論』（現代の英語教育 3），1-20，研究社出版，東京.

岡田伸夫 (2001)『英語教育と英文法の接点』美誠社，京都.

太田朗 (1966)「古いものと新しいもの」『随筆集 日本人と外国語』，語学教育研究所（編），66-72，開拓社，東京.

Ota, Akira (1977) "Methods," *English Education in Japan, ELEC Publications* vol. X, 45-55, ELEC, Tokyo.

太田朗 (1977)『英語学と英語教育をめぐって』ELEC 出版部，東京.

太田朗 (1997)『私の遍歴——英語の研究と教育をめぐって』大修館書店，東京.

大塚高信 (1965)「新言語学とその教授法への応用」『新言語学の解説』（現代英語教育講座 第三巻），151-191，研究社出版，東京.

斎藤武生 (1978)「学校文法と構造言語学・変形文法」『学習英文法』（現代の英語教育 第 7 巻），115-142，研究社出版，東京.

鳥居次好・佐々木昭・斎藤武生 (1969)『シンポジウム 変形文法の英語教育への応用』明治図書，東京.

安井稔 (1973)『英語教育の中の英語学』大修館書店，東京.

安井稔 (1978)『素顔の新言語学』研究社出版，東京.

安井稔 (1988)『英語学と英語教育』（現代の英語学シリーズ〈第 10 巻〉），開拓社，東京.

安井稔 (2011)『20 世紀新言語学は何をもたらしたか』（開拓社 言語・文化選書29），開拓社，東京.

財団法人語学教育研究所（編）(2003)『市河賞 36 年の軌跡』開拓社，東京.

目　次

序　章―はしがきに代えて―

………………………… 池内正幸・窪薗晴夫・小菅和也　*iii*

第 I 部　英語学・言語学と英語授業

第 1 章　英語史の知識を活かす

………………………………………… 秋元実治　*2*

第 2 章　文法説明と生成文法の知見

　　　―教科書の文例を手がかりに―

………………………………………… 池内正幸　*14*

第 3 章　意味論・語用論を活かした英語の授業

　　　―"x as ... as y" 構文の意味解釈をめぐって―

………………………………………… 澤田治美　*35*

第4章　認知言語学から見た英語教育
　　　──構文パラフレーズの問題を中心に──
　　　………………………………………… 山梨正明　*55*

第5章　語研研究グループと英語学の知見
　　　──これまでの研究から──
　　　………………………………………… 田島久士　*70*

第6章　英語学に期待するもの
　　　──第2の R. A. クロースをめざして──
　　　………………………………………… 八宮孝夫　*84*

第 II 部　文型と構文

第7章　学校英文法を少し斜めから
　　　………………………………………… 中島平三　*104*

第8章　5文型は学習上役に立たない
　　　………………………………………… 中村　捷　*119*

第 9 章　自動詞から他動詞へ

　　　──他動詞文の構造パターンを利用して──

　　　……………………………………………… 大庭幸男　*137*

第 10 章　英語の補部形式と事態の統合について

　　　……………………………………………… 岡田禎之　*158*

第 11 章　他動詞表現と自動詞表現の意味の違い

　　　……………………………………………… 高見健一　*177*

第 III 部　冠詞と時制

第 12 章　英語の冠詞体系の不思議さ

　　　……………………………………………… 今西典子　*198*

第 13 章　学習英文法と時制の概念をめぐって

　　　……………………………………………… 金子義明　*217*

第 14 章　時制の一致の現象を探る

　　　……………………………………………… 千葉修司　*233*

xvi

第 IV 部　日本語との対照

第 15 章　英語と日本語のアクセント

　　　　　……………………………………… 窪薗晴夫　*250*

第 16 章　「する」型言語と「なる」型言語

　　　　　──日英語の類型論的比較──

　　　　　……………………………………… 加賀信広　*268*

第 17 章　Have you seen him yet? は

　　　　　なぜ「もう彼に会いましたか？」なのか

　　　　　……………………………………… 吉村あき子　*285*

索　　引 ……………………………………………… *305*

第 I 部

英語学・言語学と
英語授業

第1章

英語史の知識を活かす

秋元　実治

（青山学院大学名誉教授）

1.　はじめに

　現在英語史は英語教職免許課程に必須科目になっておらず，その結果，現場で英語教育に携わる者は英語史の知識を充分持ち合わせないまま，英語の授業を行っていることが多い。英語教師は学生・生徒の「なぜ」に答える必要があるが，英語史の知識を持ち合わせていない教師はこのような要求を満たすことに困難を感じる。たとえば，学生・生徒が疑問に持つ文法項目として，動詞にはなぜ規則・不規則な変化があるのか，なぜ疑問や否定に 'do' が生じるのか，'be going to' がどのようにして未来の意味を示すようになったか，などであろう。果たしてどのくらいの教師がこのような疑問に満足な答えを与えることができるだろうか。

　ところで，最近注目されている理論として，「文法化」がある。言語現象には，主要範疇（名詞，動詞など）が機能範疇（接続詞，前置詞など）に変わっていく過程があるが，文法化はこのような変化を説明する有力な理論である。上記のような現象を説明する

上でもきわめて有益である。英語教育の現場においても文法化を中心にした英語史の知識は大いに役立つはずである。英語教員がこのような知識を持って，英語教育に臨めば，学生・生徒の「なぜ」に応えられることは充分考えられる。

2. 文法化とそのいくつかの事例

　文法化とは，前述したように，一般的に言って，開かれた語彙項目が閉じられたクラスの文法的要素に変化する過程を言う（cf. Hopper and Traugott (2003: 1)）。その際，統語上の独立性や語彙的意味の消失，さらには音声的摩滅なども通常伴う。

　Hopper (1991: 22-31) は文法化に関して次の5つの原理 (principles) をあげている。

(i)　重層化 (Layering)：　新しい層が現れた時，古い層はなくなるのでなく，相互に共存して存在する。未来を表現する will, shall, be going to の共存はその例である。

(ii)　分岐化 (Divergence)：　ある語彙項目が文法化を受けて，助動詞や接辞になったりした時，元々の項目は独立語として残っており，通常の語彙項目のように同じ変化を受けることを言う。ラテン語の habere など。

(iii)　特殊化 (Specialization)：　ある段階で多少意味の異なる語彙項目同士が共存することである。文法化を起こした時，これらの項目の選択が狭まり，そのうち

少数の項目が選ばれて残るようになる。フランスの否定辞 pas など。

(iv) 保持化 (Persistence): 語彙的機能から文法的機能へ文法化する際，その語彙の元々の意味が残っており，それが文法的分布に制約を与えること。英語 will の元来の意味は「意志」である。

(v) 脱範疇化 (Decategorialization): 名詞や動詞のそれぞれの持っている形態統語的特質を失って，変化した機能語，前置詞や接続詞などの特性を逆に持つようになること。while は古英語では名詞であったが，接続詞の働きを持つようになった。その結果，while は冠詞を取らなかったり，主語にならなかったりするようになった。

上の原理以外にも Traugott (1995) が提唱している一方向性 (unidirectionality) という原理もある。すなわち，言語変化は一般的にいって以下のような方向に変化するとしている。

propositional（命題的）＞textual（テキスト的）＞expressive（感情表出的）

言語は客観的（命題的）から主観的（感情表出的）へ変化するとしており，文法化の観点から，主観化（subjectification）と呼ばれているものである。Hopper の原理は多分に形態・統語的であり，Traugott のそれは多分に意味論的といえるが，同時にこれらは相互補完的でもある。以下において，文法化からの分析例のいくつかを考えていくが，主として Hopper の原理を基に見て

いく。

2.1. do

　古英語では，'do'（OE don）は 'put, place' などを意味する
動詞であったが，現代英語に近づくにつれて次第に助動詞化して
いった。その起源には，使役説，強調説など（cf. Visser（1969:
1488-1571)），種々あるが，ここでは立ちいらず，文法化過程の
中でのその変化を見ていくことにする。まず例をみていくことに
する。

　以下の例は古英語における動詞の用法（1）およびその後の助
動化した用法の例（2)-(5）である。以下別記しない限り，すべ
て OED からの引用である。

(1) Đæt mon his sweord *doo* ofer his hype. (That man
placed his sword on his hip.)

(c897 k.ÆLFRED *Gregory's Past*. Xlix. (E.E.T.S.) 383)

(2) Whan ye *dyde* not knowe hym. (When you did not
know him.)　　　　　(1489 CAXTON *Blanchardyn* xli. 153)

(3) I *do* pity the case in which I *do* see they are.

(1615 BEDWELL. *Moham. Imp*. III. 120)

(4) *Do* go on, Fred.　　　(1813 DICKENS *Christmas Carol* iii)

(5) *Does* she speak French?　　　　　　　　　　(OALD)

　動詞である 'do' は助動詞化する過程において，以下のような
文法化の特徴を帯びることになる。

6 第 I 部 英語学・言語学と英語授業

(i) 機能語への変化（脱範疇化）

(ii) 動詞としての働きを保存している（保持化）.

(iii) 本来の意味をほとんど失っている（意味の漂白化）.

（i）は動詞 'do' が助動詞 'do' に変化することであり，（ii）は 'do' に変化しても，'do homework' のように動詞の働きを同時に持っている。一方，意味の面では 'do' の本来の意味（put, place）をほとんど消失している（(iii)）。

なお，(iii) の意味の漂白（bleaching）に関しては，Hopper は 'principle' としてあげてないが，文法化過程での重要な意味変化である（cf. Hopper and Traugott (2003: 94-98)）。

2.2. be going to

Hopper and Traugott (2003: 93) によると，'be going to' の助動詞化は，ステージ I では to 不定詞は目的節を表しており，ステージ II では再分析およびメトニミー（換喩）により，'be going to' が 1 つになり，ステージ III では類推およびメタファー（隠喩）により，動的動詞から状態動詞にまで拡大していったとしている。いつ頃から助動詞化したかは定かでないが，助動詞化の定着は 18 世紀前半と考えられる（秋元 (2015)）。以下はその例である。

(6) Thys onhappy sowle..*was goyng to* be brought into hell for the synne and onleful lustys of her body. (This unhappy soul was going to be brought into hell for the sin and unlawful lusts of her body.)

(1482 Monk of Evesham (Arb.) 43)

第1章　英語史の知識を活かす　　7

(7) I believe next news I heare will be that you *are going to* bee married. (1672 LADY MARYBERTIE in 12th Rep Hist. MSS. Comm. App. V. 26)

(8) As I *was going to* say.
(1703 LOCKE Let. 23 July (On Dr. Pococke))

(9) It seems as if it *were going to* rain.
(1890 Chamb. Jrnl. 14 June 370/2)

(10) We'*re going to* buy a house when they've saved enough money. (OALD)

文法化の特徴として，以下の点がある。

(i) 動詞 'go' が 'be going to' の連鎖の中で助動詞化した（脱範疇化）

(ii) 'be going to' は文字通りの意味（移動）を同時に持っている（保持化）

(iii) 'will' や 'shall' と共存している（重層化）

(iv) 'go' の意味は希薄化している（意味の漂白化）

動詞 'go' は単独では助動詞になりえず，'be going to' という句で使われる時，助動詞的機能を持つ。その意味も近未来を表す助動詞的意味と，「行こうとしている」という動詞の意味をも保存している。さらには，現代英語では will や shall と共に近未来を表す助動詞として機能している。また，助動詞化した 'go' の意味は希薄化している。

なお，'gonna' という形もあり，OALD には '(informal, non-standard) a way of saying or writing 'going to' in informal speech, when it refers to the future' とある。

2.3. considering

OED によると，'considering' の前置詞用法の初例は 1386 年の Chaucer で，しばしば that や how を伴う接続詞用法は 1413 年の Lydgate からである。さらに目的語を省略した形，すなわち，副詞／談話標識的用法は 1741 年の *Pamela* である。

Rissanen (2015) は中英語から後期近代英語にかけて副詞的結合詞としての 'considering (that)' の発達過程を種々のコーパスを使って調査しており，このパターンが多くなるのは後期中英語 (15 世紀) 頃としている。

以下はその例である。

(11) And gentilly I preise well thy wit, Quod the ffrankeleyn, *considerynge* thy yowthe, So feelyngly thou spekest, sire, I allowthe. (And gently I praise your wit well, said the franklin, considering your youth. You speak so feelingly, I commend you.)

(c1386 CHAUCER Frankl. T. Prol. 3)

(12) *Cosetheryng* that youre doutyr is desendyd of him be the modyr syde. (Considering that your daughter is related to him by the mother's side.)

(1454 Paston Lett. No. 223)

(13) The place [is] death, *considering* who thou art, If any of my kinsmen find thee here.

(1592 SHAK. Rom&Jul. II. Ii. 64)

第 1 章　英語史の知識を活かす　　9

(14)　No, said I, pretty well, sir, *considering*. —None of your considerings, said he, pretty face.

(1741 RICHARDSON *Pamela* (1824) I. 104)

(15)　You've done very well, *considering* (＝in the difficult circumstances).　　(OALD)

文法化の特徴として

(i)　動詞から前置詞／接続詞への変化（脱範疇化）
(ii)　動詞の意味を保存している（保持化）
(iii)　動詞の意味が希薄化している（意味の漂白化）

が考えられる。

前置詞／接続詞的 considering は動詞 'consider' から変化したと考えられる（脱範疇化）が，同時にその意味（＝を考えると）は動詞の意味（＝を考慮に入れる）から来たもので，本来の意味を維持しているといえる。ただし，その本来の意味は希薄化している。

Huddleston（1984: 346-347）は次例をあげ以下のように述べている。

(16)＝ i.　Considering all these disadvantages, his performance was quite creditable.

(17)＝ ii.　The committee was considering some new proposals.

(18)＝iii.　The committee considering the matter had met only once.

(19)＝iv.　Considering all these disadvantages, Ed decided to

10 第1部 英語学・言語学と英語授業

　　　　abandon the project.

　(16) ＝i. は前置詞であり，他は動詞としている。同時に (16)
＝i. と (19) ＝iv. と相違に関しては，(19) ＝iv. は主節主語から
従節主語が補えるのに対して，(16) ＝i. はそれが不可能であり，
前置詞としている。

　なお，Huddleston (1984) はいわば目的語を省略した副詞的
談話標識的な例をあげていないが，Jespersen (1961: 410) には
これの例がいくつか示されている。

3.　文法化の知識を英語授業に活かす

　2節において英語史におけるいくつかの変化を文法化の観点か
ら説明を試みた。英語の過去を知り，それを現在に活かし，かつ
未来の変化の予測に役立てることは英語という言語を理解する上
で重要である。

　英語教員が生徒の「なぜ」に納得させて答えるには，一貫した
説得的説明を与えることが必要であり，そのことが結局は生徒の
英語に対するさらなる興味をつなげることになる。英語教員が充
分な英語史的知識を持ち，さらにその知識をわかりやすく，興味
深く，生徒に教える際，何らかの文法理論に基づいて教えること
が，一貫性や説得性の観点からも大事である。それでは上に述べ
たいくつかの文法事項を高等学校の英語の授業においてどのよう
に活かすべきであろうか。

　高等学校では特に文法という授業はないようであり，教科書に
おいても特に詳しい文法の説明はない。『高等学校学習指導要領

解説　外国語編・英語編』(2013: 106-107) においても文法事項はコミュニケーションを行うために必要となる項目に限られている。*Crown English Communication* (I, II, III)（三省堂）においても各章ごとに特に文法事項が扱われているわけではなく，教科書の終わりの部分にまとめて，受動態，不定詞，進行形などが例文と共に示されている。それではどのようにすでにあげた文法現象を役立てることができるのであろうか。

　'be going to' に関して言えば，進行形や未来表現に関連して述べることができよう。その際，なぜこの表現が未来の意味を持つようになっていったかということを，'go' という動詞の運動の意味の消失にも触れて説明するのも有益であろう。

　'do' の用法は文型や助動詞との関連で扱うことができるが，かつて英語においては，一般動詞において，疑問文や否定文において 'do' は使われず，後期近代英語期 (1700-1900) に入ってから使われ始めたことなどに言及することも興味深いと思われる。

　'considering' などの動詞から発達した前置詞に関しては，分詞や分詞構文に中で扱うことができよう。特に独立分詞のように，主節と従節間での主語の不一致などにより，徐々に前置詞用法に発達していったことを，他の例，'following' や 'relating to' などとも関連して説明することも有益であろう。

　このように，言語の変化を知ることは現代英語を知ることでもあり，そこにはある程度言語変化の方向性（原理）があることがわかる。そのような原理をわかりやすく，例証しながら英語を教えることは，必ずや，生徒も英語に興味を持つようになり，その興味を持続させ，広げることは大事である。同時にその変化の背

12   第 I 部　英語学・言語学と英語授業

後にある文化的知識にも言及すことも必要であろう。言語と文化はある意味では一体であり，生徒も興味を持つ事柄である。

　たとえば，引用例にも出てくる，Chaucer であるが，14 世紀のイギリスの詩人で，カンタベリー物語 (*The Canterbury Tales*) を書いたことで有名である。できれば，フランス語からの借入語が多いことやその物語の内容についても簡単にでも触れれば生徒にとっても興味が湧くのではないだろうか。また Caxton についても，15 世紀のイギリス人で，1476 年 Westminster に印刷所を開設したこと，およびその結果，ロンドン英語の標準語化に寄与したことなども興味深い話になろう。さらに，Shakespeare は生徒でもよく知っている人物であると思われるが，それでも Hamlet など Shakespeare の作品を紹介したりするのも有益なのではあるまいか。

4.　まとめ

　本章において英語史の知識，とりわけ文法化の観点から英語史における言語変化のいくつかについて分析し，その原理についても説明した。同時に英語史にでてくる文化的背景などもわかりやすく解説することにより生徒の興味を引き出させることが可能であることも述べた。文法現象を史的にわかりやすく述べることは，生徒の興味を引き起こすだけでなく，他の現象にも気づかせる，いわゆる「気づき」の大切さをも教えることになる。同時に教師が充分な英語史の知識およびその説明力を持つことが一層英語教育を充実させ，その結果質の高いものにすることができよう。

参考文献

秋元実治（2015）「Be going to 再考」『より良い代案を絶えず求めて』，江頭浩樹・北原久嗣・中澤和夫・野村忠央・大石正幸・西前明・鈴木泉子（編），120-129，開拓社，東京．

Hopper, Paul J. (1991) "Some Principles of Grammaticization," *Approaches Grammaticalization*, Vol. I, 17-35, ed. by Elizabeth Closs Traugott and Brend Heine, John Benjamins, Amsterdam/Philadelphia.

Hopper, Paul J. and Elizabeth Closs Traugott (2003) *Grammaticalization*, 2nd ed., Cambridge University Press, Cambridge.

Huddleston, Rodney (1984) *Introduction to the Grammar of English*, Cambridge University Press, Cambridge.

Jespersen, Otto (1961) *A Modern English Grammar on Historical Principles*, Part V, George Allen & Unwin, London.

OALD = *Oxford Advanced Learner's Dictionary* (2015) 9th Edition, ed. by Margaret Deuter, Jennifer Brandbery and Joanna Turnbull, Oxford University Press, Oxford；旺文社，東京．

OED = *The Oxford English Dictionary* (1989) 2nd Edition, ed. by J. A. Simpson and E. S. C. Weiner, Oxford University Press, Oxford.

Rissanen, Matti (2015) "The Adverbial Connective Considering (that)," *Developments in English: Expanding Electronic Evidence*, ed. by Irma Taavitsnen, Merja Kytö, Claudia Claridge and Jeremy Smith, 98-115, Cambridge University Press, Cambridge.

Traugott, Elizabeth Closs (1995) "Subjectification in Grammaticalisation," *Subjectivity and Subjectivisation*, ed. by Dieter Stein and Susan Wright, 31-54, Cambridge University Press, Cambridge.

Visser, F. Th. (1969) *An Historical Syntax of the English Language*, III, E. J. Brill, Leiden.

資　料

『高等学校学習指導要領解説　外国語編・英語編』文部科学省，2013．

Crown English Communication (I, II, III)，三省堂，2016．

第2章

文法説明と生成文法の知見
―教科書の文例を手がかりに―*

池内　正幸

(名古屋外国語大学)

1.　はじめに

　周知の通り，英語学と英語教育の関係は古くて新しい問題である。紙幅の関係からここでは立ち入ることはできないが，[1] 本稿ではその議論の一部をも踏まえつつ，検定済教科書から実例を採りながら，生成統語論に拠る英語学・言語学の最近の知見・成果を英語授業・教育において活用する方法・可能性について論述する。特に，教科書や教師用指導書 (Teacher's Manual, TM) における文法事項の説明・配列と，授業でのそれらの活用の関係について考察する。

　英語教員が最近の生成文法理論の考え方，理論・原理などにつ

---

　*　本稿の作成に際し，浅川照夫氏，伊佐治正浩氏，服部肇氏に草稿を読んでいただき貴重なコメントをいただいた。一部関連資料の入手については，池内正大氏のお世話になった。また，査読者の方からも内容・スタイルに関してコメントをいただいた。いずれもここに記して謝意を表したい。
　[1]　詳細については，序章を参照されたい。

いて（何らかの）正確な知識があるのであればそれはそれで，それに越したことはない。つまり，直接・間接必ずどこかで役に立つ。 少なくとも，決して無駄にはならないといえるであろう。が，生成文法の抽象的な原理・理論などについての抽象度の高い論理的で緻密な議論や形式的な成果は英語教育には役立たない，というのが大方の見方・傾向であると言って差し支えないと思う。しかしながら，生成文法に拠る英語学・言語学は経験科学の一分野であり，経験的事実を大事にする分野であるのだから，もし仮に抽象的な原理・理論レベルの事柄が役に立たずとも，その基盤となっている経験的事実に関する記述の部分やある一定レベルの抽象度の規則などが，英語授業・教育に直接・間接的に役立たないはずがないともいえるのである。しかし，そのことと，それらを直接授業で使ったり，提示すれば必ず効果的であるかどうかはまたまったく別問題である。[2]

2.　考察の視点

考察していく上で少なくとも次のような変数に遭遇する。(I) 議論の対象とする生徒や教員のレベル・質，(II) 扱う事項，さらに，(III) "授業で役に立つ" とはどういうことか，また，(IV) 問題の成果・知見をどのように提示・記載・保存するか。

まず，本稿では，

---

[2] 安井 (1973: 164-165; 1988: 76; 2011: 154-155)，Ota (1977: 53)，太田 (1997: 301, 449, 461) など参照。また，少し異なる視点からの伊藤 (1976) も参照。

16 第 I 部　英語学・言語学と英語授業

(I)　レベルを中レベルの高校英語とし，教員については，学会に所属し活発に活動・研究しているというのではない，校務分掌，学級経営，部活動などに忙しくしている，ごく一般的な普通の教員とする。

(II)　扱う事項は，文法事項（統語論関係）に限定する。

(III)　これについては，授業中に教員がその事柄を提示し口頭などで説明することによって生徒の理解が進み，問題となっている知識の定着が促進されること，と考える。[3]

(IV) の可能性については，

(i)　教科書内に記載（また，その事項について教科書で触れるかどうかについての判断も含む），

(ii)　TM に記載しておく，

(iii)　(ii) 以上の高度で抽象的な細かい事項で，参考書，辞書などに記載可能，

に分けて考えることにする。

　最近では，英語学・言語学の成果を，教科書にやや緩い形である程度記載している例があるが，教科書に記載されているのであれば授業でほぼ否応無く触れなければならない。が，TM 記載の

---

　[3] 実際にはこの判断は非常に難しい。ある説明を加えたら生徒の理解が進んだとしよう。しかし，その説明方法だったから進んだということを立証するには，他の方法でやった時の結果と比較する必要があるはずである。どのような説明方法を取るにせよ，通常より時間をかければ，かけないよりは理解が促進されるのは当然だからである。長 (2016) 参照。

事項はそういうわけではない。その意味で（IV）の（i）と（ii）は本来性格が著しく異なるのであるが，ここでは一応どちらの可能性も考慮する。なお，原理の形式的な記述，詳しい統語構造とか，関連するが微妙な判断が必要とされるまれな言語事実・事象などは一般に（iii）に当たるとされており，そして，実際多くの場合にその通りであると思われるが，事項によっては（i），（ii）に関係する場合があることを主張するのが本稿の重要なポイントである。

中レベルの高校英語の文法事項の教授において，授業中にそれに言及・説明することによって生徒の理解が促進されるような事柄で，教科書・TM に記載されるような知見は，少なくとも次の条件を満たす内容・事柄でなければならないと考えるのは十分筋が通っており，合理的である。

(A)　とても忙しい高校の英語科教員が改めて（多くの）論文・書籍などを読んで勉強しなくても理解でき，納得できる（ストンと落ちる）ような知識・事柄であること。[4]

(B)　実際に教室で生徒に教えるのに，その前提となるような概念・原理や用語などに触れず／を使わずに，つまり，それらの説明に時間を取られることなく，紹介・導入・説明できるような事柄であること。すなわち，既に時間的に窮屈な授業計画・教案の中に何とか自然に潜り込ませることができるような事柄であること。

---

[4] 安井（1973: 125）を参照。

18 第Ⅰ部 英語学・言語学と英語授業

(A)，(B) 共に現場の状況を少しでも想起すればすぐに明らかで
あろう。(B) については，大学での英語授業に生成文法のこれ
これの知見が役に立つという議論・指摘が時々見受けられるが，
それらは 1 時限 90 分丸々（あるいはそれ以上の時間）をその事
項の説明に充てているケースが多い。高等学校レベルではそうは
いかない。また，これらの条件は，生成文法の専門用語は使わな
いということを要求する。現在は，依然として，通常の学校文法
の文法用語でさえも多用（どころか使用）するのは疎まれるよう
なので，このことは必須であり，翻ってこれが相当厳しい制限を
課すことになる。[5]

　なお，初期のいわゆる「変形文法」当時の，句としてのまとま
り（句構造の初歩），埋め込み，(wh) 疑問文や受け身文形成のた
めの変形操作，表層には現れない「深層」構造などといった概
念・事柄は，現状では，もちろんそのような名称を使うことな
く，裏付けとして，それとなく（あるいは明示的に）何らかの形
で教科書や TM の記述などに盛り込まれており，教授・説明の
際にも取り入れられているものと想定し，本稿では特に触れるこ
とはしない。[6]

---

　[5] 実際問題として，（レベルにもよるが）大学の英米語学科の学生に，（主
語・述語，名詞・動詞，受け身などはまだいいとしても）"(非) 制限的関係
節"という用語を使うともう怪しくなるのが現状（の一部）である。（ランダ
ムに）句構造，樹形図，付加詞，作用域，再構築など，全て無理である。
　[6] 初期の試みについては，鳥居ほか (1969)，長谷川ほか (1970)，升川
(1975)，安井 (1973: 143–144 など) などを参照。

3. 具体例の考察

以上の視点から，*World Trek English Communication I*（桐原書店）に見つけられる具体例を2例検討してみよう。[7]

3.1. 不定詞の形容詞的用法

Lesson 4, p. 47 に「Grammar Focus: 不定詞③（形容詞的用法）」というのが出てくる。(1a, b) は教科書本文中の文である。[8]

(1) a. I couldn't find anything **to put** my heart into. *l*. 7

    b. I couldn't find the courage **to speak** to her. *l*. 13

    c. Bob was the first student **to finish** the race.

なお，それぞれ，anything **to put** というような記号／矢印が添えてあり，修飾関係が示されている。また，

(2) 不定詞は，「～する，～するための」という意味を表し，前にある名詞や代名詞を修飾する形容詞のようにも使えます。

というような説明がなされている。

そして，pp. 128-129 に，Sentence Structures 5「名詞に後ろ

---

[7] この教科書を選んだことに特に（学術的な）意味はない。愛知県内のある公立高校で使われており，たまたま入手可能であったもので，それほど難しいという評価はない教科書である。

[8] 順番としては，不定詞①（名詞的用法）Lesson 1, 不定詞②（副詞的用法）Lesson 2 の後である。

20   第I部　英語学・言語学と英語授業

から説明を加える」というまとめがあり，そこで，前置詞句，現在・過去分詞，関係代名詞節・副詞節とともに，次の例が挙げられて日本語訳が付されている。

(3) a. I have a lot of homework **to do**.

（私には，**するべき**たくさんの宿題があります。）

b. He was the first student **to answer the question**.

（彼は**その質問に答えた**最初の生徒でした。）

c. I don't have enough time **to study for the test**.

（私は**その試験に向けて勉強をする**十分な時間がありません。）

そして，この事項に関しては TM（pp. 105-106）に以下のような記述がある。

(4) • 指導上の留意点

不定詞句が形容詞的に前の名詞を修飾する用法を理解させる。本文では anything という代名詞を修飾する例と courage という抽象名詞を修飾する例が使われている。そのほかにも，さまざまな例を挙げてこの用法を理解させたい。たとえば，次の用例では a lot や thing が修飾されている。

She's had a lot **to put up with**. (*LGSWE*)

（彼女は我慢しなければならないことが多かった）

That'll be the worst thing for us **to do**. (*LGSWE*)

（それは我われがすべき最悪のことになるだろう）

・・・

第2章　文法説明と生成文法の知見　　21

- 解説

　名詞を後置修飾する方法としては，定形動詞を用いる関係詞節によるものと，非定形動詞の分詞や不定詞によるものとがある。分詞と不定詞の違いは，分詞は分詞の主語となる名詞を修飾するのに対し，不定詞は不定詞の主語になる名詞だけでなくそれ以外の名詞も修飾可能であるという点である。*LGSWE* は以下の例を挙げている。

1.　主語

　Its absence was a factor **to be taken** into account.

　（ニュース）「その欠如は，考慮すべき要因である」

2.　目的語

　Papa dressed in his Sunday suit and hat was a sight **to see**.（小説）「お出かけ用のスーツを着て帽子をかぶったパパの姿は，それは見ものだったわ」

3.　副詞句の一部

　They'd take a long time **to dry**.「それらは乾くのに長い時間がかかるでしょう」（会話）dry in ～ time で「～の時間で乾く」という意味を表すが，a long time は本来 in a long time という副詞句の一部である。to dry はそれを修飾している。

4.　前置詞の目的語

　She's had a lot **to put up** with.（会話）

「彼女には我慢しなければならないことが多々あった」

　この4つの分類に基づいて，GF の例文を考えると，最初の例文の anything は前置詞 into の目的語

22 第Ⅰ部 英語学・言語学と英語授業

　　　になっている。

　　　　第 2 の例文の courage は，speak to her with
　　　courage の with courage の一部であり，副詞句の
　　　一部となっている。to speak to her は，その cour-
　　　age を修飾している。また，courage の内容を具体
　　　的に説明し，同格であるとも言える。

　　　　第 3 の例文の the first student は，to finish の主
　　　語となっている。

　さて，これらの記述に加えてのさらなる，生成文法の関連する
最近の成果・知見ということになると，たとえば，構造につい
ての言及がないことが挙げられるかもしれない。たとえば，(3a)
の構造は，最新の理論では集合で書いた概略 (5) となる。[9]

　(5)　{C, {{D, I}, {Pres, {{D, I}, {v, {have, <{Op, {C,
　　　{PRO, {to, {PRO, {v, {do, Op}}}}}}}}, {D, {a lot of,
　　　homework}}>}}}}}}

　　　(< ＞は対併合（pair-Merge）を，Op は空の演算子
　　　(null operator) を示す。)

(1a), (3a) は，目的語（の関係詞化による）不定詞関係節を含
む例であり，(1c), (3b) は主語（の関係詞化による）不定詞関
係節の例である。したがって，意味は，叙述（Predication）で，
概略，(6) で表せるような意味であるとされる。

　(6)　I have a lot of homework x such that I should do x

───────────
[9] 紙幅の都合により，樹形図表示は省略する。

不定詞の意味上の主語が主節主語・補部と同一であるのは,[10] 主語位置の，PRO の解釈によるか，変項 x の束縛による。これらの点で，生成文法の視点からも，(1a), (1c), (3a), (3b) は，同時に提示し扱うのは一応この限りで妥当であるとはいえるであろう。

ただ，これらの生成文法の知見・事項は，(IVii) の TM 記載は難しく，せいぜい (IViii) の参考書類の記載事項である。そもそも集合で書く (5) は教育的には意味をなさない。[11] また，これも明らかなように，上記の基準 (A), (B) からも著しく逸脱している。

一方，(1b), (3c) はこれらとは必ずしも同一には論じられない構文である。(1b) については広く受け入れられているような代表的な分析は今のところない。TM が言うように，the courage は副詞句の一部の関係詞化ということになるのかもしれないが，副詞句からの取り出し，前置詞の削除の必要性など，様々な問題がある。(3c) は，関係節構造ではなく，enough に関係する形容詞補文の問題である。

となると，そもそもこれら (1)-(3) を一度にまとめて提示し，教えるのが効果的かどうかということが問題となる。最近の生成文法による分析を考慮した上での教科書編集であれば，まずこれらを同じ箇所で一挙に提示することはないであろうと思われる。教科書内での構文の提示順序，記述の問題である。その意味で

---

[10] ただし，TM にはそうではない例もある。

[11] さらに，当然のことながら，併合 (Merge), 一致 (Agree) への言及は無用である。太田 (1966: 70-71), 鳥居ほか (1969: 54), 小川 (1978: 19), 安井 (1988: 49 など) 参照。

24　第Ⅰ部　英語学・言語学と英語授業

は，(IVi) の範疇である。[12]

　この事例が典型的であるとはすぐさま言うことはできないが，おおよその傾向を表していると考えてよいのではないかと思われる。すなわち，生成文法の詳細な最近の理論的知見を，(IVii) にせよ (IViii) にせよ，生の形ではもちろんのことであるが，加工して利用するにしても無理であるかあるいは難しい。しかし，一方で，中には (IVi) の類に該当するような貢献もできる事柄があるということは注目すべきである。

3.2.　It ～ Adj for NP to VP における for NP の構造的位置と解釈

　次に *World Trek English Communication I* における標記構文の for NP の扱い方について検討してみよう。

　まず，教科書 p. 39 の「Grammar Focus: It ～ to … (形式主語)」に関する記述を見てみよう。説明と例文は (7) の通りである。1 番目の文は教科書本文に出てくる文である。

　　(7)　文の主語が長いとき，It を仮の主語 (形式主語) として
　　　　先に出します。ここでは It は真の主語である不定詞の

---

　[12] なお，たとえば，これに先立つ p. 38 本文中に (i) のような不定詞補文を取る派生名詞が出てきているのだが，これは "We desired to go to the Philippines." の意味であり，上の TM1.～4. のどれにも当たらないと考えるのが自然である。

　　(i)　…, we had a desire to go to the Philippines.

　また，関係代名詞～＋前置詞となるような関係代名詞節は，*English Communication II* の Lesson 5 (Grammar Focus は p. 65) まで出てこないので，(1a) のような前置詞の目的語を関係詞化する不定詞関係詞節の導入の順序はこれで良いかという問題もある。

第2章　文法説明と生成文法の知見　　25

代わりをしています。

・**It was** also difficult **to translate** words for sounds.

l. 4

cf. To translate words for sounds was also difficult.

・**It is** often difficult *for me* **to finish** my homework

on time.

　It は，for NP（＝*for me*）を除く to 不定詞を指すという理解・指示である。この部分の TM（p. 85）の説明には，"本パートでは真の主語が to 不定詞の場合を扱っているが，それ以外に動名詞，that 節，that 節以外の名詞節の場合もある。"とあり，(7)の2番目の文の訳例として，「私にとって宿題を時間通りに終えるのはしばしば難しいことです。」（下線は筆者。以下同様。）とある。

　さらに，

(8)　● 解説

　　　　次のように，まず2つの形を提示する。そして，「だれ（何）にとって」ということを明示する場合には for[of]— を It is ～ の後ろに置くのが原則であると説明する。[13]

　　　　It is easy **to use** this dictionary.

　　　（この辞書を使うのは簡単です）

---

[13] ここでは It ～ Adj of NP to VP については扱わない。

26   第 I 部　英語学・言語学と英語授業

It is difficult **for me to solve** this math problem.

（私にとってこの数学の問題を解くのは難しいです）

が続く。

　上記の教科書ではすぐ下の Practice の 3. で，［　］内の意味を表すように，（　）内に適切な語を書き入れる問題として（9）のような文が出てくる。

　(9)　It is important for us (to) (understand) each other.
　　　　［理解すること］

TM（p. 85）の訳例は，「私たちにとってお互いを理解することは大切です。」である。

　続く教科書 p. 42 の Language Review の練習問題 B の中で，訳としてそれぞれ（10a），（11a）が与えられていて，それに対応する語句の並べ替えの答えとしてそれぞれ（10b），(11b) を要求する問題がある。

　(10)　a.　健にとって英語でスピーチするのは楽しいことでした。

　　　　b.　It was fun for Ken to make a speech in English.

　(11)　a.　授業前にこの本を読んでおく必要がありますか。

　　　　b.　Is it necessary for me to read this book before class?

TM（p. 94）には，"形式主語を使った It 〜 to … の文。特に，…「〜にとって」の for … の位置，使い方に注意させたい。〈It

第2章　文法説明と生成文法の知見　　27

is + 形容詞 + for + 人 + to *do*〉という語順。"とある。[14]

　つまり，ここまでのところでは，問題の構文の for NP の位置と解釈について，*English Communication I* では，それが主節要素であり，したがって，「NP にとって」と訳すとしているということになる。

　ところが，その後，教科書の本文 p. 92 に (12) の文が出てくる。

(12)　It was difficult for a woman to earn a living in those days.

TM (p. 238) におけるこの文の訳例は，「当時<u>女性が</u>生計を立てていくのは難しいことでした」となっている。続けて，"**It was ～ for A to ...**「A が ··· することは～だ [sic]」"とし，解説として，"形式主語の構文。for *A*（ここでは for a woman）が to ··· の意味上の主語。"とあり，さらに，上記の教科書 p. 39 の Grammar Focus を参照，とあるのである。[15]

　また，p. 93 の Comprehension の 2. に (13) があり，

(13)　In those days, it was not (easy) for a woman to have a job and live on her own.

この TM (p. 240) の訳例は，「当時は，<u>女性が</u>仕事を持って自立することは簡単ではありませんでした。」である。

---

[14]　ただし，(11a) では，for me が無視されている。

[15]　ただし，TM (p. 237) の本文の Summary 中に "It was unusual then for a woman to support herself." という文があり，この訳は「その当時は<u>女性にとって</u>自活することは例外的でした。」とある。

28 第Ⅰ部 英語学・言語学と英語授業

　ということは，ここでは，標記構文の for NP は従属節要素であり，いわゆる to 不定詞の意味上の主語である，よって，「NPがVPすることは・・・」と訳すのだということである。[16]

　やはりもう少し首尾一貫した説明が必要であろう。生成統語論の研究では，いわゆる tough 構文の分析との関連で，It ～ Adj for NP to VP の for NP 句の扱いには，主節要素とする立場 (Chomsky (1981), Rezac (2006)) と従属節要素とする立場 (中島 (2016)) がある。[17]

　さてそれではどうするか。ここでは，生成文法からの知見に教育的配慮を加えた時の教科書/TM での記述の仕方，授業方法の可能性について考えてみたい。[18]

　(14a) に加えて，同義文として (14b) を提示するのはそれほど問題とは思えない。[19]

(14) a.　It is easy for John to solve this problem.

　　 b.　For John to solve this problem is easy.

であるならば，(14) はおそらく決定的であろう。形式主語の it は for John to solve this problem 全体を指す。つまり，初期導入レベルで，意味上の主語が for NP として明示されているにも関わらず，it はそれを除く to 不定詞のみを受けると説明するの

---

[16] ところが，上記 (12) に本文解釈のための Navigator として Question 2「It は何をさしていますか。」が付いていて，それに対する TM (p. 236) の解答は，「to earn a living (生計を立てること)」となっているのである。

[17] なお，中村 (2009: 第 4 章) は述語形容詞を類別して扱っている。

[18] 初期の扱い方については，長谷川ほか (1970: 55, 234–236) を参照。

[19] もちろん，To solve this problem is easy for John. も可能である。後述参照。

は，上でも触れたように，形式主語の it が，当然のこととして主語を含む that 節に置き換わること（教科書 Lesson 9, TM p. 85）をも考えれば，生徒にとっては不自然な感じがするのではないだろうか。

したがって，ここは，目新しくないのだが，教科書（または，TM）に（15）のようなルールを書いてしまうか，あるいは，教科書には書かないで上記の（III）で述べた理解の促進・知識の定着を期待して（15）を口頭で提示・説明するのがよいと考える。

(15)　It 〜 Adj for NP to VP の構文では，for NP（人）は，to 不定詞の意味上の主語であり，「NP が VP するのは・・・」と訳す。

もちろん，この場合でも，日本語としては「NP にとって」としたほうが座りがよい場合があるのは承知で，まずこれで行くのがよいと考える。[20]

「NP にとって」という訳を出すのは，次の（16）のように，問題の for NP 句（下線部）が間違いなく主節要素であるような例に触れる時にしたらどうだろうか（例文は，Chomsky（1981），中島

---

[20] NP は人とは限らない，とすれば，*English Communication II* の p. 16 Language Review B の 3. では，「彼の発見がその病気の治癒を可能にしました。」という和文に対して，下記 (i)

　　(i)　His discovery (made) it (possible) for the disease to be cured.
を要求しており，そして，TM (p. 35) には，"to 不定詞の意味上の主語が for the disease の部分。"という説明があるのだが，つまり，for NP 句を従属節要素と解釈しなければならないのであるが，これも無理なくカバーされる。「NP にとって」からスタートすると難儀するであろう。

30 第Ⅰ部 英語学・言語学と英語授業

(2016) などから)。[21]

(16) a. To solve the problem is easy for John.

b. How easy for John was the problem to solve?

c. It is pleasant for the rich for the poor to do the hard work.

これも含めて，その他の詳細は，(IVii) の類として TM に記載する。その中には，たとえば，下記 (17)，また，上記の (9)，(10b) などが，曖昧であり得るという指摘があってもよい（安井 (1988: 100)）。

(17) It is pleasant for the rich to do this work.

これには，次のような 2 通りの解釈とそれぞれに対応する構造が可能である。

(18) i. 金持ちにとって，（自分たちが）この仕事をするのは楽しい。

It is pleasant [for the rich$_i$] [PRO$_i$] to do this work.

ii. ある人々にとって，金持ちがこの仕事をするのは楽しい。

It is pleasant [for PRO = some unspecified person(s)] [for the rich to do this work].

また，さらにいわゆる tough 構文に触れてもよい。なお，これ

---

[21] たとえば，(10a) に対応する英文は，より正確には，"For Ken, it was fun to make a speech in English." であろう。

らは，前述の記載条件である (A), (B) の基準も満たしていると
考える。

最初から次のようなルールを提示して，何とか区別することも
可能かもしれない。

(19) It 〜 Adj (…) for NP (…) to VP 構文およびこれに関
連する構文では，（ア）for NP 句が不定詞に隣接してい
る時は不定詞の主語であるとし，「NP が VP するのは
…」と訳す。（イ）そうでない時は主節要素と解釈し，
「NP にとって（その NP が）VP するのは …」と訳す。

が，しかし，最初のルールとしては複雑過ぎるであろう。これは
(IVii) (か IViii) の事項であろう。もちろん，「NP にとって」の
場合でも，to 不定詞の意味上の主語はその NP である。[22]

注目すべきは，ここでも，生成文法の最近の知見が，(IVii),
(IViii) のみならず，(IVi) のレベルでも関与・貢献し得る可能
性があるという点である。

4. おわりに

ここまで，生成文法の最近の知見・分析が，不定詞の形容詞的
用法や形容詞構文の for NP 句の扱いにおいて，高等学校の英語
教育・授業，教科書 / TM の記述内容・構成に十分関与・貢献で
きるということを見てきた。このような事象が一般的に見られる

---

[22] ただし，(16c) や (18ii) ような例は例外となる。言うまでもなく，(16c)
の for the poor は（ア）のケースに相当する。

ものであると言うためにはさらなる調査・検討が必要であるが、さりとて、これらが特異で稀有な事象であるとも思えない。構文・現象の種類、その見方、そして、切り取り方によっては、もちろん高度に抽象的な概念・原理などは別として、最近の生成統語論も英語教育・授業に十分役に立つと言って良いと思う。いわば、生成文法の最近の知見を「英語授業に活か」して当然ということだろうと思う。生成文法だけでなく、談話文法、認知言語学などの成果・知見を含めて、現代英語学・言語学は、日本における中・高等学校での英語教育・授業に大いに役立てる方向で考えられるべきである。そのためには、英語学者・言語学者が、市河賞草創期当時のようにとまでは言わないにしても、もう少し中・高の英語教育に、少なくとも教材レベルで、興味を持つということであろう（もちろん、英語教育に関わる人たちが英語学・言語学の成果に興味を持つのは歓迎されるべきである）。より具体的な方策としては、たとえば、教科書編纂チームは複数の英語学・言語学者を含むようにすることなどが考えられよう。[23]

　日本で行われている意図的・意識的に外国語としての英語を教室で教授するという環境において、生成文法に拠る現代言語学・英語学の知見・成果は、その際の理論的根拠と言っては言い過ぎであるなら、その際の有効な"理屈"として大いに有用である。[24]

---

[23] 安井（1988: 87-88）を参照。

[24] なお、この結論は、Chomsky（1988: 180）の発言とは一線を画する（Robichaud（2014）も参照）。以前の発言については、安井（1973: 145）を参照。

参考文献

長加奈子 (2016)『認知言語学を英語教育に生かす』金星堂，東京.

Chomsky, Noam (1981) *Lectures on Government and Binding*, Foris, Dordrecht.

Chomsky, Noam (1988) *Language and Problems of Knowledge The Managua Lectures*, MIT Press, Cambridge, MA.

長谷川克哉・石上守男・大野三郎 (1970)『変形文法と英語教育　実践と記録編』明治図書，東京.

伊藤克敏 (1976)「変形文法と英語教育」『英語教育と英語学』(講座 新しい英語教育 II)，52-74，大修館書店，東京.

升川潔 (1975)『言語理論の生かし方』(英語教育ライブラリー 第八巻)，開隆堂，東京.

中島平三 (2016)『島の眺望　補文標識選択と島の制約と受動化』研究社，東京.

中村捷 (2009)『実例解説英文法』開拓社，東京.

小川芳男 (1978)「英語教授法のあゆみ」『英語教授法各論』(現代の英語教育 3)，1-20，研究社出版，東京.

太田朗 (1966)「古いものと新しいもの」『随筆集　日本人と外国語』，語学教育研究所 (編)，66-72，開拓社，東京.

Ota, Akira (1977) "Methods," *English Education in Japan, ELEC Publications,* vol. X, 45-55, ELEC, Tokyo.

太田朗 (1997)『私の遍歴──英語の研究と教育をめぐって』大修館書店，東京.

Rezac, Milan (2006) "On Tough-movement," *Minimalist Essays*, ed. by Cedric Boeckx, 288-325, John Benjamins, Amsterdam.

Robichaud, Arianne (2014) "Interview with Noam Chomsky on Education," *Radical Pedagogy* 11.1, Winter 2014, ISSN: 1524-6345.

鳥居次好・佐々木明・斎藤武生 (1969)『シンポジウム　変形文法の英語教育への応用』明治図書，東京.

安井稔 (1973)『英語教育の中の英語学』大修館書店，東京.

安井稔 (1988)『英語学と英語教育』(現代の英語学シリーズ 10)，開拓

社，東京.

安井稔（2011）『20世紀新言語学は何をもたらしたか』（開拓社　言語・文化選書 29），開拓社，東京.

第 3 章

意味論・語用論を活かした英語の授業
――"x as … as y" 構文の意味解釈をめぐって――

澤田　治美

（関西外国語大学）

1.　はじめに

　次のような "x as … as y" 構文は，一般に「x は y と同じ（くらい）」であると解釈されている。

(1)　John is *as* tall *as* Bill.

　　　（ジョンの身長はビルと同じ（くらい）だ）

しかし，この解釈で十分であろうか。1970 年代前後には既に，この解釈では十分でないことが指摘されていた。たとえば，Campbell and Wales（1969）や Bolinger（1972）は，以下のような例を挙げて，「x と y の程度が全く同じ」ではなく，実際には，「x のほうが y よりも程度が上」になり得ると述べている。

(2)　a.　John is *as* rich *as anyone* here.

　　　b.　John is *at least as* tall as Bill.

(Campbell and Wales（1969 : 241））

35

36   第Ⅰ部　英語学・言語学と英語授業

(3)　Mary is *as* tall *as* Jane, maybe *taller*.

(Bolinger (1972: 28))

「x と y の程度が同じ」と解釈した場合，(2a)（＝誰にも負けないほど金持ちだ），(2b)（＝ジョンの身長は少なくともビルほどはある），(3)（＝メアリーの身長はジェーンほどはある，もしかするともっと高いかもしれない）が自然に説明できない。

　本稿では，"x as … as y" 構文の意味は，「x は y と同じ（くらい）」ではなく，「x は（少なくとも）y ほどはある」であり，尺度的な表現として，x の程度は高く（もしくは，肯定的に）捉えられていることを論じ，英語の授業への役立て方について述べてみたい。

2. "x as … as y" 構文の構造

　はじめに，"x as … as y" 構文の構造について素描しておきたい。以下の例は典型的な "x as … as y" 構文である。

(4)　a.　Mary is *as* tall *as* Jane (is).
　　　b.　This box is four times *as* heavy *as* that one (is).

ここでは，主に Bresnan (1973), Huddleston (1984), Huddleston and Pullum (2002), 澤田 (2014: 137ff.), Rett (2015) その他に沿って，以下の点を想定する。

(5)①　2 つの as のうち，主節の as は形容詞・副詞の「程度」を標示する程度詞（Deg）（伝統的には，指示副詞）であり，この as の後ろには，程度性のある形容詞・副詞

しか生起できない。

② 程度詞の as は "four times"（4 倍），"half"（半分）などの数量詞（QP）によって修飾されることがある。

③ 従属節の as は補文標識（＝COMP）（伝統的には，接続詞）であり，（何と比べるのかという）比較の基準となる事柄，すなわち「比較節」を従えている。

④ 比較節の中にも，主節と同じように，必ず，形容詞・副詞がある。ただし，それは「目に見えない程度詞」成分（ここでは，d と標示する）を含んでいる。

⑤ 比較節の中の形容詞・副詞句（＝AP）は，主節のそれと同一である場合には，「比較削除」（comparative deletion）という規則によって，義務的に削除される。

これらの点を，上の（4）の例で確認してみよう。第 1 に，主節の as は程度詞とみなすことによって，次のように解釈される。① （4a）の as tall の tall は「高い」ではなく，「高さ」である。「高さ」である以上，実際には，高くなくても（＝低くても）許される（たとえば，『グリム童話』の「白雪姫」に出てくる 7 人の小人たちについても言える）。ただし，もし as short であれば，「低さ」であり，「低さ」である以上，低いことが要求される。② （4b）の four times as heavy の heavy は「重い」ではなく，「重さ」と解釈される。

以下の例から，{taller/shorter} than と as {tall/short} as の違いが明瞭になる。

(6) a.　Doug is *taller than* Adam, but they're both *short*.

　　b.　Doug is *shorter than* Adam, but they're both *tall*.

38 第Ⅰ部 英語学・言語学と英語授業

(7) a.　Doug is *as tall as* Adam, but they're both *short*.
　　 b. *Doug is *as short as* Adam, but they're both *tall*.

(Rett (2015: 39–40))

これらの例で，(7b) だけが不適格となる。(6a, b) は「より高い／より低い」（＝高低の度合い）なので，相対的である。同じく，(7a) も「… ほどの高さはある」（＝no shorter than）（＝高低の度合い）なので，相対的である。しかしながら，(7b) は「…ほどの低さしかない」（＝no taller than）（＝低さの度合い）なので，絶対的である。よって，Doug も Adam も背が低いことが要求され，(7b) は不適格とならざるを得ない。

第2に，比較節の as は補文標識であり，次のように解釈される。すなわち，(4a) の as 節は "Jane is d-tall"（＝ジェーンはある背の高さがある）であり，(4b) の as 節は "that one is d-heavy"（＝あの箱はある重さがある）である。

第3に，「比較削除」に関して言えば，(4a) の比較節の中の tall は主節の tall との同一性の下で義務的に削除されており，(4b) の比較節の中の heavy も主節の heavy との同一性の下で義務的に削除されている。

3. "x as … as y" 構文の意味

従来，「同等比較」を表す "x as … as y" 構文は，x = y（もしくは，x ≒ y）という関係を示すとされることが多かった。すなわち，2つの as のうち，主節の as は「… と同じ（くらい）」を意味するとみなされている。中学・高校の英語テキスト，英和辞

書，用例辞典などでも，「…と同じ（くらい）」と説明されるのが一般的である。たとえば，文部科学省検定済教科書　中学校外国語科用英語教科書 *New Crown ② English Series New Edition*（三省堂，2017）の Lesson 7（文法のまとめ）では，「同等比較」として，次のように述べられている（p. 97）。

(8)　「…と同じくらい〜」と程度が同じことを言うときは，〈as＋形容詞＋as …〉で表します。

My bag is as big as yours.

そして，この例文の意味は以下のようなものとされている（p. 133）。

(9)　私のかばんは，あなたのものと同じくらい大きいです。

さらに，英和辞典でも，基本的に事情は同じであり，「… と同じ（くらい）」と説明されている。

(10)　Carol is as old as {I (am) / me}.（キャロルは私と同い年だ。）
（≒ Carol is the same age as {I (am) / me}.）

（『ウィズダム英和辞典』（初版））

(11)　He is as tall as you.（彼は君と身長が同じだ。）

（『小学館プログレッシブ英和中辞典』（第 3 版））

本章では，しかしながら，Huddleston (1984: 407)，Rusiecki (1985: 143-144)，八木 (1987: 122-124)，Mitchell (1990: 60)，Huddleston and Pullum (2002: 1101)，澤田 (2014: 143ff., 2018a, 2018b: 17ff.)，Rett (2015)，Larsen-Freeman and Celce-Murcia (2016: 782) などに従って，"x as … as y" 構文の本質的意味を

40 第Ⅰ部 英語学・言語学と英語授業

次のように捉える。

(12) "x as … as y" は，x＝y（もしくは，x≒y）ではなく，x≧y という関係を表している。

換言すれば，(13) である。

(13) "x as … as y" は，「x の … の程度は y の … の程度と同じ（くらい）」ではなく，「x の … の程度は（少なくとも）y の … 程度ほどはある」という捉え方を表している。

Huddleston (1984: 406–407)，Rusiecki (1985: 144)，Mitchell (1990: 60) は，"as tall as" は，"no shorter than"（＝低くはない／高さで劣ることはない）と同値であるとみなし，"x as … as y" は x＝y ではなく，x≧y と標示されると述べている。Huddleston and Pullum (2002) も同様な指摘をしている。

(14) 基本的に，同等性の尺度的比較は「少なくとも同等である」("at least equal") と解釈され，「ちょうど同じ」("exactly equal") と解釈されることはない。

(Huddleston and Pullum (2002: 1100))

このように分析するならば，(8) の "My bag is as big as yours."，(10) の "Carol is as old as {I (am)／me}."，(11) の "He is as tall as you." は，それぞれ，(15)，(16)，(17) のように解釈されることになる。

(15) 私のかばんの大きさは，あなたのものほどはある（2つ

のかばんは大きいとは限らない。"My bag is *as big as* yours, but they're both *small*." と言えるからである）。

(16) キャロルの年齢は私ほどはいっている（2 人は年老いているとは限らない）。

(17) 彼の身長は君ほどはある（2 人は背が高いとは限らない）。

さらに、(13) の捉え方によれば、以下のような例で、

(18) a. Nancy earns *twice as much money as* her husband.
   b. The population of this city is *five times as large as* that of my home town.　（荒木（編）(1997: 129-130)）

(18a) は、「ナンシーは夫の 2 倍お金を稼ぐ」ではなく、「ナンシーは（少なくとも）夫の 2 倍はお金を稼ぐ」と解釈され、(18b) は、「この市の人口は私の故郷の人口の 5 倍だ」ではなく、「この市の人口は（少なくとも）私の故郷の人口の 5 倍はある」と解釈される。なぜなら、以下の例からわかるように（if not＝もしかすると）、

(19) a. Michael is *twice as tall as* his son is, *if not taller*.
   b. *Michael is *twice as tall as* his son is, *if not shorter*.
                                      (Rusiecki (1985: 154))

マイケルの身長は息子の身長の 2 倍よりも高い可能性があるが、一方、低い可能性はないからである（4.1 節参照）。

では、as の本質的意味とは何であろうか。ここで筆者が想定していることは、"x as … as y" の 2 つの as のうち、主節の as

は比較節の as に続く事柄の程度がどれほどなのかを予告的に指示する働きをしており，比較節の as は比較の基準となる事柄の程度・度合（すなわち，「... ほど」）を具体的に示しているということである。たとえば，メアリーがその場にいない時に，彼女の服を注文しようとして，彼女の身長を話題にしたとする。A が「メアリーの身長はどれくらいかな？」と聞いたとき，B が「(少なくとも) ジェーンほどはある」と答えたとしよう。このような場合，英語では，2 つの as を相関的に用いる。このことは以下のように示される（相関性に関しては，澤田 (2018a: 102ff.) 参照）。

(20)　Mary is *as tall as* Jane (is).

予告的指示

(20) において，主節の as の働きは，代用形 so に似た働きをし，比較節の as は「... ほど」のようにジェーンを「ひきあい」に出す働きをしている。この点に関して，(i) "x as ... as y" が否定文になると，as の代わりに so が用いられてもよいこと，(ii) ドイツ語の同等比較文では，英語の so に相当する *so* が用いられることが示唆的である。

(21)　He's not {*as/so*} friendly *as* she is.

(Swan (2005³: 113))

(22)　Ich bin *so* groß *wie* du.
　　　I　am as tall　as　you.

以下，"x as ... as y" 構文について，授業内で言及・導入可能な

第3章　意味論・語用論を活かした英語の授業　　43

ポイントをいくつか挙げてみたい。

4.　いくつかの導入可能なポイント

4.1.　「付け足し」表現

　第1のポイントは，"x as … as y" 構文の後ろに生起する「付け足し」表現からもたらされる。以下の例を見てみよう (in fact ＝実はより正確に言うと)。

(23) a.　Mary is *as tall as* her father.

  b.　Mary is *as tall as* her father.　In fact, she's *taller* than him.

  c. *Mary is *as tall as* her father.　In fact, she's *shorter* than him.

(Mitchell (1990: 59))

(23) の3例に関して，Mitchell (1990) によれば，(23a) は，かならずしも「メアリーはジェーンと同じ背の高さだ」とは解釈できず，高さは上のレベルに上がってもいいが，下のレベルに下がってはならないという。換言すれば，主語のメアリーは「肯定的に」(＝上向きに) 捉えられなければならない。それゆえ，(23b) は適格であるが，(23c) は不適格となる。すると，上の3例は，それぞれ，次のように解釈されなければならないことになる。

(24) a.　メアリーの身長は，(少なくとも) お父さんほどはある。

44 第Ⅰ部 英語学・言語学と英語授業

    b. メアリーの身長は（少なくとも）お父さんほどはある。実はより正確に言うと，もっと高い。

    c. *メアリーの身長は（少なくとも）お父さんほどはある。実はより正確に言うと，もっと低い。

(24) の日本語で，「ほどは」の「は」が重要である。この「は」は，「対比」ではなく，「話題」を標示していると思われる。これが付くことによって，メアリーの身長はジェーンと同じか，彼女より高いという意味合いが伝わる。たとえば，100点満点の期末試験で，60点以上取らないと不合格だという決まりがあったとしよう。相手から，「試験は何点だった？」と聞かれて，「60点は取ったよ」と答えたら，60点より高かった可能性もある。「60点は取った」は，「60点くらい取った」と同義ではない。後者の場合，前者と違って，60点以下の場合もあるからである。また，「60点取った」の場合の「60点」は，「何点だったのか」という質問に対して「焦点的」に答えているのに対し，「60点は取った」の場合の「60点」は，「何点だったのか」という質問に対して「尺度的」（もしくは，レベル的）に答えているにすぎない。それは，（要求された）「60点」というレベル（＝条件）をクリアしたという意味になる。それゆえ，「60点」については，(25) におけるように，2つの捉え方があると言えよう。図1参照。

第3章　意味論・語用論を活かした英語の授業　　45

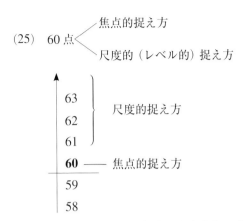

図1　60点に対する焦点的捉え方と尺度的捉え方

こうした観点から，以下の例を解釈してみよう．

(26)　Applicants should be *6 feet tall*.

(Campbell and Wales (1969: 242))

Campbell and Wales (1969: 242) によると，この例における "6 feet tall" は，① "exactly 6 feet tall" と ② "6 feet tall or over" に多義的であるという．この多義性は，「は」を用いて，①「応募者は（ちょうど）6フィートあってほしい」と②「応募者は（少なくとも）6フィートはあってほしい」のように区別可能である．①は「焦点的」であり，②は「尺度的」である．[1]

"x as ... as y" 構文の場合も同様である．この構文では，x と y の程度が同じか違うかという問題に焦点が置かれているわけで

---

[1] Sawada (2013) では，「は」の機能の1つとして，「尺度的な対比的「は」」(scalar contrastive *wa*) が提案されている．

46 第Ⅰ部 英語学・言語学と英語授業

はない。すなわち，「焦点的」に捉えられているわけではない。そうではなく，x のレベルは y のレベルよりも下ではないという意味で，「尺度的」に捉えられているにすぎないのである。[2]

4.2. "x as … as y" 構文の否定形

　第 2 のポイントは，"x as … as y" 構文の否定形からもたらされる。"x as … as y" が x ≧ y と記号化されると想定するならば，"x not as … as y" は x < y となる。

(27)　　肯定　　　　　　　　　　　　否定

　　　　"x as … as y"　　　　　　　　"x not as … as y"

　　　　x ≧ y　　　　　　　　　　　　x < y

　　　　(x は (少なくとも)　　　　　(x は y ほどではない)

　　　　y ほどはある)

　x = y (x は y と同じである) の否定は x ≠ y (x は y と同じで

---

[2] "x as … as y" 構文の後ろに生起する「付け足し」表現は，レベルを上げてもいいが，レベルを下げてはならないという原則を述べた。では，以下の例はこの原則に違反しているのであろうか。

(i) a. This swimming pool is *half as wide as* it is long, if not *narrower*.
　　　(このスイミングプールは横幅が縦の長さの半分ほどしかない。へたするともっと狭いかもしれない。)

b. ?This swimming pool is *half as wide as* it is long, if not *wider*.
　　　(このスイミングプールは横幅が縦の長さの半分ほどしかない。へたするともっと広いかもしれない。)

(Rusiecki (1985: 154))

実は，これらの例は上の原則の反例とはなり得ない。なぜなら，この場合，程度詞 as を修飾しているのが half (= 半分) という分数であるために，横幅の狭さが強調されて，if not に率いられた「付け足し」表現は「狭さのレベル」を上に上げているのである (Rusiecki (1985: 156) 参照)。

第 3 章　意味論・語用論を活かした英語の授業　　47

はない）となる。よって，以下の例で，

(28) a.　Mary is as tall as Jane.

　　 b.　Mary is identical in height with Jane.

(29) a.　Mary is not as tall as Jane.

　　 b.　Mary is not identical in height with Jane.

仮に（28a）の意味を（28b）と解釈したとしよう（＝「メアリー
の身長はジェーンと同じだ」）。すると，（29a）は（29b）と同義
であると予測される（＝「メアリーの身長はジェーンと同じでは
ない」）。しかし，実際には，（29a）は，「メアリーの身長はジェー
ンほどではない」であり，（29b）と同義ではない。[3] このことは，
"x as … as y" を「x は（少なくとも）y ほどはある」（x ≧ y）と
解釈し，その否定版 "x not as … as y" を「x は y ほどではな
い」（x ＜ y）と一般化することによってこそ自然に説明可能とな
る。[4]

───────────

　[3]（29a）について，Rett（2015: 80）は，下の例を挙げて，（29a）は（29b）
と同義に解釈できるとしている。

　　(i)　Adam is not as tall as Doug, he's taller.

しかし，筆者は，八木（1987: 123）その他に沿って，こうした解釈は主節の
as に強勢が置かれた「特殊否定」（もしくは，「メタ言語否定」）であると想定
する。すなわち，(i) は，相手が用いた "Adam is as tall as Doug." という発
話の中の "as tall as" という言葉を「その言い方は正しくない」として訂正し
たと考えられる。

　[4] 次の例の意味は「田舎の雪景色ほど，見て心安らぐものはない」であり，
「田舎の雪景色」の優位性を述べている。

　　(i)　Nothing looks so peaceful as a country snow scene.

（江川（1991: 168））

48　第 I 部　英語学・言語学と英語授業

4.3.　"x as … as y" 構文の疑問形

　第 3 のポイントは，"x as … as y" 構文と "x the same … as Y" 構文の疑問形からもたらされる。次の質問（Q）—返答（A）を比較してみよう。

(30)　Q1:　Is he *the same age as* you?
　　　　　　（彼はあなたと同い年ですか？）
　　　A1:　No, he's two years older.
　　　　　　（いいえ，彼は 2 歳年上です。）

(31)　Q2:　Is he *the same age as* you?
　　　　　　（彼はあなたと同い年ですか？）
　　　A2:??Yes, two years older, in fact.
　　　　　　（はい，実はより正確に言うと，2 歳年上です。）

(32)　Q3:　Is he *as old as* you?
　　　　　　（彼の年齢はあなたほどはいっていますか？）
　　　A3:??No, he's two years older.
　　　　　　（いいえ，彼は 2 歳年上です。）

(33)　Q4:　Is he *as old as* you?
　　　　　　（彼の年齢はあなたほどはいっていますか？）
　　　A4:　Yes, two years older, in fact.
　　　　　　（はい，実はより正確に言うと，2 歳年上です。）

(Huddleston and Pullum (2002: 1139))

質問 Q1 と Q2 では「彼の年齢はあなたと同じであるかどうか」が，Q3 と Q4 では「彼の年齢はあなたほどはいっているかどうか」が問われている。これら 2 つの質問は同義とは言えない。前者では同い年であるかどうかに焦点が当てられているが，後で

は，年齢のレベルを満たしているかどうかが問われているからである。上の4つの対話のうち，自然な対話は（30）と（33）である。（30）では，「同い年かどうか」と聞かれて，「いいえ，2歳年上です」と答えており，理にかなっている。次に，（31）では，「同い年かどうか」と聞かれて，「はい，2歳年上です」と答えており，「はい」と「2歳年上です」とが互いに矛盾している。また，（32）では，「彼の年齢はあなたほどいっているかどうか」と聞かれて，「はい，2歳年上です」と答えており，理にかなっている。最後に，（33）では，彼の年齢はあなたほどいっているかどうか」と聞かれて，「いいえ，2歳年上です」と答えており，「いいえ」と「2歳年上です」とが互いに矛盾している。なぜなら，「いいえ」とは年下であることを意味しているからである。"x as … as y" を x＝y（もしくは，x≒y）と解釈する限り，上の事実を自然に説明することはできないであろう。

4.4. "x as … as any"

第4のポイントは，"x as … as y" 構文の比較節に現れる，いわゆる「自由選択」(free choice) の any（＝どんな … でも）からもたらされる。

八木（1987: 122）は以下のような興味深い例を挙げている（話し手は定年間近の郵便収集係である）。

(34)　… but I can still get round the boxes *as quick as any* of them and quicker than most. （ポストを回る早さじゃまだ仲間の誰にも負けないし，たいていの者よりは早いぐらいだ。）

(八木 (1987: 122))

50 第Ⅰ部 英語学・言語学と英語授業

八木（1987: 122）で主張されているように，"x as … as any"を，「いかなる人とも等しい」と解釈することは不合理である。上の例で，as quick as の後ろに比較級の quicker が来て，レベルが上に引き上げられている点が興味深い。

Mitchell（1990: 58, 67）によれば，論理的に言って，次の等式が成立する。

(35)　x as tall as y = x no {less tall / shorter} than y

すなわち，「x の身長は y ほどはある」とは，「x の身長は y よりも低い（劣る）ことはない」である。"x as … as any" に対しては，この解釈が自然である。

4.5. "as … as" 構文における「非対称性」

第5のポイントは，"x as … as y" 構文における「非対称性」に関わっている。

(36)　John is as tall as Bill.　($x \geq y$)
(37)　Bill is as tall as John.　($y \geq x$)　　　(Mitchell (1990: 60))

Mitchell（1990: 60）は，(36) は必ずしも (37) を含意しないと述べている。なぜなら，(36) では，ジョンのほうがビルよりも高い可能性があるが，(37) では，ビルのほうがジョンよりも高い可能性があるからである。同様に，次の例に関しても，

(38)　John isn't as tall as Bill.　($x < y$)
(39)　Bill isn't as tall as John.　($y < x$)

(38) では，ジョンはビルよりも背が低いが，(39) では，ビルは

第3章 意味論・語用論を活かした英語の授業　51

ジョンよりも背が低い。仮に "x as … as y" を x＝y（もしくは，x≒y）と解釈するなら，こうした例を自然に説明することはできない。

5. おわりに

本稿では，"x as … as y" 構文の意味は，「x は y と同じ（くらい）」ではなく，「x は（少なくとも）y ほどはある」であり，尺度的な表現として，x の程度は高く（もしくは，肯定的に）捉えられていることを論じた。

このことを授業に導入するに際して，以下の対話が示唆的であると思われる。母語話者によれば，メアリーとジェーンの身長を比較する時，(40) のような対話はごく自然であるが，(41) のような対話は不自然であるという。

(40)　Q:　Who is taller, Mary or Jane?

　　　　　（メアリーとジェーンでどちらが背が高いですか？）

　　　A:　Mary (is)./Jane (is).

　　　　　（メアリーです。／ジェーンです。）

(41)　Q:　Who is taller, Mary or Jane?

　　　　　（メアリーとジェーンでどちらが背が高いですか？）

　　　A:　?Mary is as tall as Jane (is)./?Jane is as tall as Mary (is).

　　　　　（メアリーの身長は（少なくとも）ジェーンほどはあります。）

(40), (41) の質問 Q は，メアリーかジェーンかのどちらが背が

52 第1部 英語学・言語学と英語授業

高いのかと尋ねているので，その答えは，メアリーかジェーンの
どちらかを選択して，「焦点的」に答えなくてはならない。(40)
の返答 A は，焦点的であるので適格である。しかしながら，
(41) の返答 A は，「メアリーとジェーンは同じ（くらいの）身
長です」という解釈にはなり得ず，それゆえ，焦点的に答えたこ
とにならない。その返答は「尺度的」であり，不自然となる。一
方，(42) のような対話ならば自然である。

(42) Q: Who is taller, Mary or Jane?
　　　　（メアリーとジェーンでどちらが背が高いですか？）
　　A: They're (about) the same (height).
　　　　（2 人は同じ（くらいの）身長です。）

では，"Mary is as tall as Jane." が自然であるような対話とは
どのようなものであろうか。母語話者によると，以下の (43) の
ような対話があり得るという。

(43) Q: How tall is Mary?
　　　　（メアリーの身長はどれくらいですか？）
　　A: She's as tall as Jane. （ジェーンほどはありますよ。）

この時，話し手と聞き手の間に，ジェーンの身長についての共有
知識がなくてはならない。

　最後に，本稿の分析を応用して，"x as … as y" 構文が用いら
れた高校英語教科書の中の実例を解釈してみたい。この課は，未
来のために植物の種の保護・管理がいかに重要であるかを訴えた
興味深い読み物である。1922 年に 1 人のイギリス人の科学者が
エジプトの王家の谷で古代エジプト王の墓を発見したが，その墓

の中に乾燥した豆がいくつか見つかったという。末尾の斜体部は，"x as … as y" 構文が用いられており，「それらの乾燥した豆の古さときたら，（少なくとも）その墓自体ほどはあった（もしかするともっと古い可能性もある）」と解釈されよう。

(44) In 1922 an English scientist discovered an Egyptian king's tomb in the Valley of the Kings, where he found some dried peas, *as old as the tomb itself*. （斜体筆者）（検定済高校英語教科書 *CROWN English Series II New Edition*）（三省堂，2012，第 5 版，p. 105）（斜体筆者）

斜体部は，乾燥した豆の古さを高く（もしくは，肯定的に）捉えている。よって，この部分を「同じくらいの古さ」と解釈することは正確とは言えない。なぜなら，そのような解釈の下では，豆は墓自体よりも新しいこともあり得てしまうからである。

　本稿のアプローチが "x as … as y" 構文のより正確な解釈につながり，授業の改善に貢献することができれば幸いである。

参考文献

荒木一雄（編）(1997)『新英文法用例辞典』研究社，東京.

Bolinger, Dwight (1972) *Degree Words*, Mouton De Gruyter, The Hague.

Bresnan, Joan (1973) "Syntax of the Comparative Construction in English," *Linguistic Inquiry* 5, 614–619.

Campbell, R. N. and R. J. Wales (1969) "Comparative Structures in English," *Journal of Linguistics* 5, 193–320.

江川泰一郎 (1991[3])『英文法解説』金子書房，東京.

Huddleston, Rodney (1984) *Introduction to the Grammar of English*, Cambridge University Press, Cambridge.

Huddleston, Rodney and Geoffrey K. Pullum (2002) *The Cambridge Grammar of the English Language*, Cambridge University Press, Cambridge.

Larsen-Freeman, Diane and Marianne Celce-Murcia (2016³) *The Grammar Book: Form, Meaning, and Use for English Language Teachers*, National Graphic Learning, Boston.

Mitchell, Keith (1990) "On Comparisons in a Notional Grammar," *Applied Linguistics* 11(1), 52–72.

Rett, Jessica (2015) *The Semantics of Evaluativity*, Oxford University Press, Oxford.

Rusiecki, Jan (1985) *Adjectives and Comparison in English*, Longman, London.

澤田治美 (2014)『現代意味解釈講義』開拓社, 東京.

澤田治美 (2018a)『意味解釈の中のモダリティ (上)』(開拓社 言語・文化選書 72), 開拓社, 東京.

澤田治美 (2018b)『意味解釈の中のモダリティ (下)』(開拓社 言語・文化選書 73), 開拓社, 東京.

Sawada, Osamu (2013) "The Japanese Contrastive *Wa*: A Mirror Image of EVEN," *BLS* 33, 374–387.

Swan, Michael (2005³) *Practical English Usage*, Oxford University Press, Oxford.

八木孝夫 (1987)『程度表現と比較構造』(新英文法選書 7), 大修館書店, 東京.

第4章

認知言語学から見た英語教育
──構文パラフレーズの問題を中心に──

山梨　正明
（京都大学名誉教授）

1.　はじめに

　外国語教育においては，音声指導，構文の文法的側面の指導，語彙，イディオム，構文の意味的側面の指導，実際の発話場面（ないしは伝達の場面）における言語運用に関わる指導，などが問題となる。本稿では，外国語教育におけるこれらの指導のうち，特に，構文の意味的な側面の指導をより効果的に進めていくために，理論言語学の研究分野（特に，認知言語学の研究分野）で提示されている知見がどのような点で貢献できるかを，主に英語の構文レベル（ないしは句レベル）におけるパラフレーズ性の問題との関連で考察していく。言語表現のパラフレーズのメカニズムには，人間の主観的な認知プロセスが反映されている。この種の認知プロセスのうち，特に図／地の分化（figure/ground segregation）と図／地の反転（figure/ground reversal）の認知プロセスは，言語現象の体系的な記述，説明に際して重要な役割を

55

になう。[1]

　以下では，特にこの図／地の分化と反転の認知プロセスとの関連で，主に英語の構文レベル（ないしは句レベル）におけるパラフレーズ性の問題を考察していく。

2.　図・地の分化／反転と構文のパラフレーズ性

　基本的に，われわれがある対象を把握していく場合，その対象の際立った部分に焦点をあてながら認知していく。この場合，際立っている部分（ないしは焦点化されている部分）は図，その背景になっている部分は地として区分される。この認知的な区分は，絶対的なものではない。視点の投げかけ方により，図と地の区分は反転する。視点の投影の仕方により，これまで図として認知されていた部分が地となり，地として認知されていた部分が図として認知される状況も考えられる。

　この図と地の区分と反転の認知プロセスは，次のような言語現象に反映されている。

(1) a.　A pessimist: "The bottle is half empty!"

　　 b.　An optimist: "The bottle is half full!"

(2) a.　They left the project half done.

　　 b.　They left the project half undone.

(3) a.　Half of the orange is rotten.

　　 b.　Half of the orange is not rotten.

---

[1] 以上の図／地の分化の認知プロセスに関しては，Rubin (1958: 201) を参照。

劇作家のジョージ・バーナード・ショーが，酒が半分入っているボトルに対し，次のように述べている。

> 「『しめた，まだ半分ある！』と言う人は楽天主義者。『しまった，もう半分しかない！』と言うなら厭世主義者である。」
> (朝日新聞『天声人語』(1990.11.17))

(1) の a, b の例は，このエピソードに関係する例である。ボトルの酒が半分になっていれば，半分は残っている状態にある。したがって，この状況では，(1) の a, b のいずれの表現も真であり，両者はこの点でパラフレーズの関係にある。しかし，以下の図 1 に示されるように，認知的な観点からみるならば，問題のボトルが半分無くなっている状態に焦点が当てられているか，半分残っている状態に焦点が当てられているかに関して両者は異なる。換言するなら，(1) の対の文は，認知的にみてこれらのどちらの側面を図にし，どちらの側面を地にするかの視点に関して異なる。基本的に同様の点は，(2), (3) の例に関してもあてはまる。

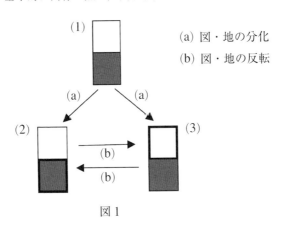

図 1

58 第I部 英語学・言語学と英語授業

（1）の対の文（"The bottle is half empty!"/"The bottle is half full!"）は，ボトルに液体が半分入っている（あるいは残っている）状況において発せられた場合，いずれの文も真である。この点で，真理条件的には，パラフレーズの関係にあると言える。しかし，上にみたような図と地の反転の関係からみた場合には，厳密にはパラフレーズの関係（ないしは同意関係）にあるとは言えない。英語の母語話者は，与えられた状況に応じて，この種の対の構文のどちらの選択が認知的に適切であるかを理解している。

これまでの日本における英語教育の現場においては，基本的にパラフレーズの関係にある構文の対に関し，認知的にどちらの構文を選択すべきかに関する体系的な指導はされてきていない。この種の構文選択に関する適切な指導を行っていくためには，基本的にパラフレーズの関係にある英語の構文の対に関し，母語話者の認知能力に関する体系的な記述と分析が必要となる。認知言語学の分野では，この方面の研究が地道に進められている。以下では，この種のパラフレーズと認知の関係に関わる言語現象の一面を考察する。

3. 〈プロセス的／モノ的〉認知と構文のパラフレーズ性

構文のパラフレーズ関係を動機づける重要な認知プロセスとしては，さらに問題の事態を時間軸に沿ってダイナミックに把握する〈プロセス的認知〉と時間的な側面を捨象して把握する〈モノ的認知〉のプロセスが考えられる。この種の認知のモードの違いを反映するパラフレーズの表現としては次のような対が考えられる。

第 4 章 認知言語学から見た英語教育　　59

(4) a. The boy ran.

　　 b. The boy took a run.

(5) a. John walked.

　　 b. John took a walk.

(6) a. They helped Mary.

　　 b. They gave Mary some help.

(4) の a の文は，「少年が走った」という〈プロセス的認知〉を反映する文である。（この場合には，走る行為がプロセスとして認知され，run という動詞で表現されている。）これに対し b の文は，「少年が一走りした」という〈モノ的認知〉を反映する文である。（この場合には，走る行為がモノ的に認知され，a run という名詞で表現されている。）基本的に同様の認知的な意味の違いは，(5) と (6) の a, b のパラフレーズの対に関しても当てはまる。[2]

　認知言語学の規定では，〈プロセス的認知〉と〈モノ的認知〉のプロセスは，それぞれ図 2 の (a)，(b) のように規定される (Langacker (1990: 99))。

---

[2] 基本的に同種のパラフレーズの対としては，次の例が考えられる。

　(i)　It frosted heavily last night.

　(ii)　There was a heavy frost last night.　　　　(Curme (1947: 100))

この種の文の対の類例に関しては，さらに Sapir (1956: 52-53) を参照。

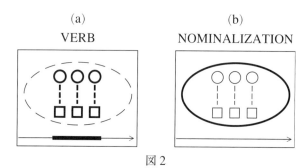

図 2

　図 2 の (a) と (b) は,それぞれ〈プロセス的認知〉と〈モノ的認知〉のモードを規定する図式である。(a) の図は,ある存在 (i.e. ○ で示される存在) が,ある場所ないしは対象 (i.e. □ で示される存在) と「走る」(run),「歩く」(walk),「助ける」(help) などの関係 (i.e. 破線で示される関係) にあり,この関係が時間軸に沿って動的に把握されることを示している。上の (4)-(6) の対の a の文 (run, walk, help のような動詞をとる文) は,このような動的な〈プロセス的認知〉を示す例に相当する。

　これに対し,(b) の図は,「走る」(run),「歩く」(walk),「助ける」(help) などの行為が,時間を捨象してモノ的に把握されることを示している。上の (4)-(6) の対の b の文 (a run, a walk, some help のような名詞をとる文) は,このような静的な〈モノ的認知〉を示す例に相当する。(太線で示される (b) の図の大きな ○ は,問題の行為それ自体が,モノ的に認知されることを示している。[3])

---

[3] (a) の場合には,時間軸の矢印が太線になっているが,(b) の場合には背景化している。この違いは,前者が動的認知の世界,後者がモノ的な認知の

第4章　認知言語学から見た英語教育　　61

　(4)-(6) の対の文は，基本的にはパラフレーズの関係にある。
したがって，真理条件的には同意関係にあると言える。しかし，
各対のa と b の文には，以上にみたような認知的な意味の違い
がある。

　伝統的な文法の規定では，動詞表現とこれに対応する名詞表現
を比較した場合，前者の動詞の文法カテゴリーからいわゆる名詞
化の操作を経て，名詞の文法カテゴリーを派生的に規定する。し
かし，以上の認知的な視点からみた場合には，このような派生の
操作を考える必要はない。図2 から明らかなように，認知言語
学の規定では，問題の表現が動詞のカテゴリーか名詞のカテゴ
リーかの違いは，あくまで言語主体が，問題の動作ないしは行為
に関わる世界をプロセス的に捉えていくか，モノ的に捉えていく
かの認知のモードの違いを反映する表現として相対的に規定する
ことが可能となる。

4.　〈セッティング／参与者〉の反転とパラフレーズ性

　語句や構文のパラフレーズに関わる認知プロセスとしては，さ
らに〈セッティング／参与者〉の反転の認知プロセスが注目され
る。典型例としては，次のような対の文が考えられる。

　(7)　a　Bees swarm in the garden.

　　　　b.　The garden swarms with bees.

(Jespersen (1933: 107))

世界を反映していることを意味する。

(8) a. Bees are warming in the garden.
  b. The garden is swarming with bees.

(Fillmore (1968: 48))

(7), (8) の各対の a の文では, 行為の参与者の bees が主語として選ばれ, the garden は, この行為のなされる場としてのセッティングになっている。これに対し, b の場合には, 逆にこの行為の場としてのセッティングが主語として選ばれている。(この後者のタイプの構文は, 一般にセッティング主語構文 (setting-subject construction) と呼ばれる。) この種の対の a, b の文は, 図3の (a), (b) の認知図式の違いとして規定される。

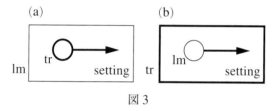

図 3

図3の ○ は bees, 矢印は行為としての swarming, 全体を囲む □ は, この行為のなされる場としてのセッティング (setting) を示している。(ここでは, 文の主語と目的語をマークする tr と lm は, それぞれトラジェクター (trajector) とランドマーク (landmark) の略号である。) また, 太線は, 図として認知的な際立ちが与えられている部分, 細線の部分は, 相対的に地として背景化されている部分を示している。

(7), (8) の対の a の文は, (a) の図に対応する。この場合には, 認知的な際立ちが与えられている ○ (i.e. bees) が主語とし

て選ばれている。またこの場合，the garden は前置詞の目的語となっている。これに対し，各対の b の文は，(b) の図に対応する。この場合には，逆に the garden が主語として選ばれ，参与者は，その中に位置づけられる物理的な存在として理解される。

セッティングと参与者の関係は，さらに広い意味で解釈することが可能である。次の対の表現を考えてみよう (Langacker (2000: 70))。

   (9) a.   Hillerman features Jim Chee in his latest novel.

        b.   Hillerman's latest novel features Jim Chee.

(9) の a, b の文は，ベースとなる事態は同じであるが，主語の選択に関して異なる。a の場合には，行為を行う Hillerman が主語として選ばれ，his latest novel は，広い意味で，この行為のなされる場としてのセッティングとみなすことができる。これに対し，b の場合には，この行為の場としてのセッティング自体が主語として選ばれている。[4]

この 2 つの構文の基本的な認知構造は，図 4 のように規定される (Langacker (2000: 70))。

---

  [4] 以上の考察からも明らかなように，「セッティング」という概念は，狭い意味での場所（ないしは空間）だけでなく，より抽象的な場の意味で解釈される。

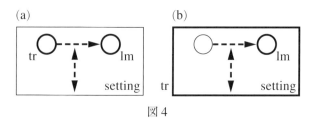

図 4

　図 4 の (a), (b) の左の ○ は Hillerman, 右の ○ は Jim Chee, 両者を結ぶ破線の矢印は問題の行為 (featuring), 長方形の □ は行為の場としてのセッティング (in his latest novel) を示す。また，長方形の □ と行為の矢印を結ぶ双方向の破線の矢印は，問題の行為とセッティングの関係を示している。図 4 の (a), (b) のうち，前者は (9) の a の文に対応する。この図のトラジェクター (tr) とランドマーク (lm) は，それぞれ tr がついたサークルが主語，lm がついたサークルが目的語として言語化されることを示す。これに対し，(b) の図は，(9) の b のセッティング主語構文に対応する。このセッティング主語構文の場合には，(主語，目的語が事態の参与者として際立っている (9) の a のタイプと異なり) セッティングそれ自体に際立ちが与えられ，このセッティングが主語として言語化されている。(したがって，図 4 の (b) の図では，太線で示されるセッティングのボックスが主語を示す tr によってマークされている。)

　以上にみたセッティングと参与者の場合，セッティングは，文字通りの意味での物理的な場所ないしは作品世界，参与者は，その中に位置づけられる物理的な存在として理解される。しかし，セッティングと参与者は，さらに広い意味で解釈することができる。たとえば，次の日本語の対を考えてみよう（山梨 (2004: 148)）。

第 4 章　認知言語学から見た英語教育　　65

(10) a.　彼はやっかいな問題を抱えている。

b.　彼はやっかいな問題に巻き込まれている。

(10) の a, b の対は，一方が真であるならば他方も真である（あるいは一方が偽であるならば，他方も偽である）という点で，真理条件的にはパラフレーズの関係にある。しかし，a と b の文は，主体と主体が抱えている問題のどちらがどちらに含まれているかに関し，相補的な関係にある。a の文では，主体がセッティングで問題が参与者の関係にある。すなわち，主体がセッティングとして，その中に参与者としての問題を含んでいる関係にある。これに対し，b の文では，逆に問題がセッティングで主体が参与者の関係にある。すなわち，この場合には，問題がセッティングとして，その中に参与者としての主体を含んでいる関係にある。

この種の図／地の反転は，次の英語の対の例にもみられる。

(11) a.　The box contains an orange.

b.　An orange is in the box.　　　（山梨 (2004: 148)）

(12) a.　The bottle contains milk.

b.　Milk is in the bottle.　　　　（ibid.: 149)

これらの対のセッティングと参与者の反転の関係は，図 5 に示される（山梨 (2009: 78)）。

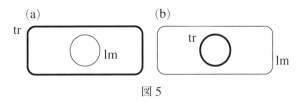

図 5

　図 5 の (a) は，各対の a の文に，また (b) は各対の b の文に対応する。(図 5 の (a), (b) の tr と lm は，それぞれ (11), (12) の文の主語と目的語をマークするトラジェクター (trajector) とランドマーク (landmark) に対応している。)

　一見したところ，(11), (12) のタイプの構文の a と b の対の文は，日本の英語学習者にとって，どちらも英語の単文の表現として使用できるようにみえる。しかし実際には，これらの対の文のうち，日本の学習者は，b のタイプの存在構文は容易に使うことができるが，(これと論理的にはパラフレーズの関係にある) a のタイプの構文 (i.e. The box contains an orange., The bottle contains milk.) は積極的には使用できない傾向がある。その理由としては，母語の日本語の場合には，b のタイプの存在構文 (e.g. An orange is in the box., Milk is in the bottle.) が自然であり，(基本的に have- 構文に対応する) a のタイプの構文は日本語の構文としては慣用化されていないから，と考えられる。

　これまでの英語教育の現場においては，(11), (12) の a, b の対の例にみられるような英語のパラフレーズ性に関する認知的視点に基づく説明はなされていない。この種の構文のパラフレーズ性は，図 5 のような〈セッティング／参与者〉の反転の認知プロセスを明らかにすることにより，英語のパラフレーズの可能性を自然に説明していくことが可能となる。また，日・英語の構文使

用の違いの説明に関しても，両言語における母語話者の〈セッティング／参与者〉の反転の可能性に関わる事態把握（ないしは事態認知）の違いの観点から自然な説明が可能となる。[5]

5. 結語と展望

　日常言語の世界には，人間の主観的な認知プロセスがさまざまな形で反映されている。この種の認知プロセスの中でも，図／地の分化と反転の認知プロセスは，言語現象の記述と分析に際し特に重要な役割を担っている。この認知プロセスは，日常言語の形態レベル，構文レベルの言語現象や意味レベルの言語現象の発現に密接に関わっている。認知言語学のアプローチは，この種のプロセスの発現の基盤となる人認知能力との関連で，形式と意味に関わる言語現象の体系的な記述，説明を試みていくアプローチとして注目される。

　本稿では，認知言語学のアプローチから，日常言語の中核をなす構文レベルの形式と意味の相互関係に関わる構文のパラフレーズ性の問題を考察した。外国語教育においては，構文の文法的側面の指導や意味的側面の指導がなされているが，認知的な視点からみた構文のパラフレーズ性に関わる問題は厳密には考察されていない。換言するならば，これまでの外国語教育においては，基本的にパラフレーズの関係にある構文の対に関し，当該の事態の伝達に際し，認知的にどのタイプの構文を選択すべきかに関する

---

　[5] ここで問題にしている日・英語の事態把握（ないしは事態認知）の違いは，日本語と外国語の母語話者の「発想の違い」と言ってもよい。

体系的な指導はされてきていない。本稿では，構文のパラフレーズ性の問題（i.e. パラフレーズの関係にある構文のうち，どのタイプの構文を選択するかの問題）には，事態把握における母語話者の認知プロセスの投影（e.g. 図／地の分化と反転，前景化／背景化などの認知プロセスの投影）が重要な役割を担っている事実を明らかにした。以上の考察は，構文の文法的な側面と意味的な側面の指導をより効果的に進めていくための重要な知見を提供する。また，認知的な視点から見たパラフレーズ性の問題は，構文レベルだけでなく，語彙レベル，句レベルなどにおける言葉の形式と意味の関係の指導法にも，重要な知見を提供することが期待される。

参考文献

Curme, George O. (1947) *English Grammar*, Barnes & Noble, New York.

Fillmore, Charles J. (1968) "The Case for Case," *Universals in Linguistic Theory*, ed. by Emmon Bach and Robert T. Harms, 1–88, Holt, Rinehart and Winston, New York.

Fillmore, Charles J. (1977) "Scenes-and-Frame Semantics," *Linguistic Structures Processing*, ed. by Antonio Zampoli, 55–81, North-Holland, Amsterdam.

Goldberg, Adele E. (1995) *Constructions: A Construction Grammar Approach to Argument Structure*, University of Chicago Press, Chicago.

Jespersen, Otto (1933) *Essentials of English Grammar*, George Allen & Unwin, London.

Langacker, Ronald W. (1990) *Concept, Image, and Symbol*, Walter de Gruyter, Berlin/New York.

Langacker, Ronald W. (2000) *Grammar and Conceptualization,* Mouton de Gruyter, Berlin/New York.

Langacker, Ronald W. (2008) *Cognitive Grammar: A Basic Introduction,* Oxford University Press, Oxford. [山梨正明（監訳）(2011)『認知文法論序説』研究社，東京.]

Rubin, Edgar (1958) "Figure and Ground," *Readings in Perception*, ed. by David C. Beardslee and Michael Wertheimer, 194-203, D. van Nostrand, Princeton.

Sapir, Edward (1956) *Culture, Language and Personality,* University of California Press, Berkeley/Los Angeles.

山梨正明 (2000)『認知言語学原理』くろしお出版，東京.

山梨正明 (2004)『ことばの認知空間』開拓社，東京.

山梨正明 (2009)『認知構文論—文法のゲシュタルト性』大修館書店，東京.

第5章

語研研究グループと英語学の知見
—これまでの研究から—

田島　久士

（東京都大田区立糀谷中学校）

1.　はじめに

　財団法人語学教育研究所（当時）は，研究グループによる研究成果を大修館書店の『英語教育』誌上に長きにわたって 2003 年の 3 月号まで連載を続けてきた。なお，連載終了後も研究成果は毎年の研究大会等で発表してきている。『英語教育』誌への連載は「再検討シリーズ」の名のもとで行われてきた。再検討にあたって，いつも先行研究として参考文献に挙げられてきたもの中に，たとえば，安井稔先生の『英文法総覧（改訂版)』（開拓社）をはじめとする著作，市河賞元委員長，松浪有先生（共著）の『英文法の問題点』（研究社出版）のほかに，「現代の英文法」シリーズ（同），「新英文法選書」シリーズ（大修館書店），松浪有ほか編『英語学事典』（同）など，多くの「市河賞」受賞作や「市河賞」関係者の著作が含まれている。それらの書籍がなければ，「再検討シリーズ」は成り立たなかったと言っても過言ではない。
　「再検討シリーズ」の中でも，特に「文法用語再検討」（1986 年

4 月号〜 1988 年 3 月号),「文型・文法事項等導入法再検討」,
(1988 年 4 月号〜 1990 年 3 月号),「文型・文法事項等指導順序
再検討」(1990 年 4 月号〜 1993 年 3 月号)の 3 つに関しては,
英文法を「学校英文法」でしか学んでこなかった英語教師にとっ
て,上記の書物を通して「新しい」文法現象や知識を大いに得る
ことができた。それだけでもありがたいことである。なお,この
うち「文型・文法事項等導入法再検討」はジャパンライムから同
名のビデオも製作されて,発売されている。もちろん,日ごろの
教材研究,特に新出文法事項・言語材料の導入,練習,教科書本
文の細かい語法,語彙などの指導においても,英語学の研究が役
立っていることは言うまでもない。いくつかの例を取り上げて,
連載の執筆や教材研究などに,言語学・英語学の研究成果がいか
に役立ったか,役立っているかについて触れたいと思う。

2. 過去分詞

2.1. 形容詞用法(前置・後置修飾)の問題点

　四方 (1990) は,安井稔ほか (1976) を引用して次のように述
べている。

　　過去分詞のおかれる位置とその意味との関係を,つぎのよう
　　に説明している。

　　┌─────────────────────────────┐
　　│ 前位用法　非一時的永続的状態,分類的機能 │
　　│ 後位用法　一時的非永続的状態,記述的 │
　　└─────────────────────────────┘

72 第1部 英語学・言語学と英語授業

(1) a. The jewels were stolen.

(あいまい)

b. the jewels stolen (by John)

(一時的非永続的　記述的)

c. the stolen jewels

(非一時的永続的状態　分類的機能)

(2) a. The man was killed.

(一時的非永続的状態)

b. the man killed

(一時的非永続的状態　記述的)

c. *the killed man

(2c) が成立しない理由を考えてみる。前位用法の形容詞は分類的機能を持つ。しかしそれを持つためには，伝達上の十分な情報を持っていなければならない。

(3) a. the murdered man

*the killed man

b. the stolen jewels

*the taken jewels

c. the beaten boy

*the hit boy

非文法的なほうの例の動詞を A とすると，文法的なほうの動詞は 'A+α' とパラフレーズすることができる。A は一定の意味的場 (semantic field) をなす動詞の核となっているが，意味上はいわば無色透明で，分類的機能を持つに足る情報量を持たない。

しかし，一定の修飾機能を付加することにより，意味上，

‘A + α’ と等価の内容を持たせることができれば前置が可能
である。

  (4) a. the accidentally killed man

     b. the illegally taken money

     c. the repeated hit boy

　また，自動詞の過去分詞が前置の形容詞として使われる場
合は，いわゆる変異動詞（mutative verb）に限られる。例え
ば，a returned soldier, a traveled man, fallen rocks など
である。

2.2.　指導順序──形容詞用法（後置修飾）を最優先する

　過去分詞の持つ意味は「受け身＋完了」である。形容詞用法か
ら教えることにより，過去分詞そのものの働きに注目させる。

　前置修飾に関するさまざまな制限から考えると，後置修飾を優
先するほうがよい。前置修飾を教えるとすれば，a used car, a
broken cup, the injured people, a boiled egg, spoken English
などが考えられる。

2.3.　残りの指導順序（試案）

　四方（1990）は，最後に指導順序（試案）として，次のような
提案をしている。

  (5)　形容詞用法，後置修飾

       his homework done（by ～）

  (6)　have ＋ 目的語 ＋ 過去分詞

       （S ＋ V ＋ O として扱い，使役・被害・完了の意味を

すべて教える）

      John has his homework done.

(7)　現在完了

      John has done his homework.

(8)　受け身（S + V + C をふまえて）

      John's homework is done.

　20 年ほど前に提案された指導順序であるが，その後中学校では形容詞用法の前置修飾は教科書ではほとんど扱われなくなった。そのためか学校現場では一部の教師しか教えなくなった。上記の例でもわかるように，中学生でも使えるように教えておいたほうがよい表現がたくさんあり，残念なことである。なお，文部科学省（2018: 50）には，現在分詞も含め，次のような例が挙げられている。

　My brother saw shooting stars last night.

　I ate a boiled egg.

教科書にも再び前置修飾の英文が多く載ることが望まれる。

　また，今まで高等学校にあった言語材料が一部中学校に移されたが，(6) については引き続き高等学校に残っている。試案を生かすとすれば，現実的には (5) → (7) → (8) と教えることになる。

　しかし，現在すべての中学校教科書では (5) → (8) → (7) の順で扱われている。現在完了と受け身に関しては，語研では今までにも何度も研究してきた。どちらを先に教えるべきなのか，それぞれの導入方法（さらに，現在完了については各「分類」の扱い方も含めて）についても，英語学の知見を踏まえて今後も検討す

る必要があると考えられる。

　かつて，語研は「過去分詞は文法用語の与えるイメージが実際の機能とズレて」いることを指摘した（藤井（1986））。要するに，過去分詞は形容詞用法をきちんと教えてから受け身や現在完了を教えることが重要である。

3.　比較表現

3.1.　比較級・最上級の望ましい指導順序

　語研は，比較級，最上級の指導順序について検討した。比較級について，内野（1990）は次のように，a. b. c. d. の順序で指導することを提案している。

　　　a.　Pencil A is six centimeters long.
　　　　　Pencil B is four centimeters long.
　　　b.　Pencil A is two centimeters longer.
　　　　→Pencil A is longer.
　　　c.　Pencil A is two centimeters longer than B is.
　　　　→Pencil A is longer than B is.
　　　d.　Pencil A is two centimeters longer than B.
　　　　→Pencil A is longer than B.

最上級について，四方（1991）は次のように提案している。

　　　最上級は，比較級と切り離して，つぎのように導入する。
　　　Who is the tallest in this class? と質問して，
　　　Taro is the tallest.

76 　第 I 部　英語学・言語学と英語授業

Jiro is the tallest, too.

Taro and Jiro are the tallest in this class.

　最上級は，従来比較級を導入した後で，次のように導入されることが多かった。

A is tall.

B is taller than A.

C is taller than B.

C is the tallest of the three.

　また，四方（同上）は，Jespersen（1949）の次のような議論を引用している。

　　最上級は比較級より高い程度を示すのではなく，実際は同じ程度を表している。ただ別の視点から物を見ているのである。

最上級を用いる場合は，ある集合の中から，程度の高いものを選び出す「話者の視点」であり，2 点に着目して比較する「話者の視点」の比較級とは切り離した別の文脈で，最上級を導入したほうが理解しやすいと考えられる。

　以上 2 つの導入に至った背景には，次のような内野（1988）の研究がある。[1]

　　八木（1987）は「as 〜 as は程度に関して「等しい」（＝）という関係でなく，「以上」（≧）という関係を表わす」ことを，多くの例で証明している。たとえば，

---

[1] 第 3 章澤田論文も参照（編者注）。

Is John as old as Mary? —

　　Yes, in fact he is two years older.

　　No, he is two years younger.

となるのである。

　A is as 〜 as B は，A が「少なくとも B の程度はある」と主張し，かつ「＞の可能性もある」ことを示唆するという，非常に幅の広い，「あいまいな表現」なのである。

　as 〜 as の導入は，≧（以上，負けていない）とすべきである。not as 〜 as は当然＜を表わすことになり，as 〜 as can／any の矛盾も氷解する。

内野（1988）は，さらに次のように述べている。

　as 〜 as は「原級」がそのまま使えることから，一見，「比較」諸文型の中で，「最初の導入」に適するように思われる。

　しかし，実生活で，始めから「同じ」ことがわかっているものは，そもそも比べたりはしない。（中略）したがって，まず -er than を導入したあと，「比べてみたら負けていなかった」という設定で as 〜 as を導入してみたい。

具体的には，北海道，本州，四国，九州の 4 島の大きさを比較級・最上級で扱った後で，各都道府県の面積比べを初めて原級も含めて行う導入を提案している。

3.2.　形容詞の MARKED と UNMARKED

　内野（1990）は次のように述べている。

　(9)　The neck of a crane is long.

78   第 I 部　英語学・言語学と英語授業

(10)　Her skirt is short. It's just 30 centimeters long.

(9) の long は [MARKED], (10) の long は [UNMARKED] である。比較級の形容詞は，[UNMARKED] なので，上記のように原級の段階から (10) のタイプの [UNMARKED] で提示するほうがよい。

　比較級は従来，次のように導入されることもあった。

(11)　A is *long*. B is long, too.

(12)　A is *longer* than B.

(11) の long が，(12) では er が付いて，longer と語形変化しただけではない。(12) では，実際に長いことを表す MARKED（有標）の形容詞（原級）であるが，(12) の longer になると，「長さがまさっている」という意味で UN-MARKED（無標）の形容詞（比較級）である。たとえ短いものがあってももっと短いものがあれば longer となる。したがって，従来の導入では単なる語形変化ではないことが理解できない。

　さきほどの原級と同じように，longer は「長さが上回っている」，than B は「B と比べて」がわかるように，3.1 節の「望ましい指導順序」で導入すべきである。

4.　Determiner

4.1.　Determiner の種類

　Determiner の種類（数）は，かなり多い。「入門期」に限定して，次の 5 種類を考えていくことにする。

①　my, your, his, her, its, our, their, Bob's, etc.

②　this, that, these, those

③　the

④　a, an

⑤　無冠詞

4.2. Determiner と限定性[2]

The には，「何らかの意味で既に述べられたものに言及する場合」（池内（1985））という用法がある。また，「かならず不定冠詞の "a" のついた名詞が先に出てきて，その次に "the" を教えるということが頭の中で固定しているらしいのです」（ピーターセンほか（1990: 12））との記述もある。それゆえに，「限定性」のあるものは後から教えるという思い込みがあるので，従来は不定冠詞から教えられてきた。

4.3. 望ましい指導順序──The を先に

①②については，「目の前にある物」を使って教えれば教えやすい。これらの determiner には「限定性」が強いため，場面が設定しやすい。生徒も正しく理解することが考えられる。なお，①と②については，特に指導順序を決める必要がないと考える。

③と④については一般には④・③の順で教えられている。上述のように思い込みの「限定性」があるので，それを重視するあまり，従来は不定冠詞から教えられてきた。さらに，以前は中学校教科書での the の初出が *The* Seven Days of the Week のような

---

[2] 第 12 章今西論文も参照（編者注）。

80 　第 I 部　英語学・言語学と英語授業

タイトルということもあった。現在はそこまではいかないにして
も，不定冠詞の指導後，the の初出が *the* States（国名），*the*
guitar（楽器名）であったりする教科書もある。不定冠詞と定冠
詞の導入順序を考える必要が大いにあると思う。織田（1990:
15）は次のように述べている。

　　その（*the* の）機能が，*that* と同じものであることに変わ
　　りはない。ただ *the* の場合は，それにつづく名詞が特定のも
　　のを指しているのだという信号の役目をはたすだけで（以下
　　略）

　また，池内（1985: 3）は，determiner を定（definite）と不定
（indefinite）に分けて考えている。

定指示詞：a. 定冠詞，b. 指示形容詞，c. 所有形容詞
不定指示詞：a. 不定冠詞，b. 疑問形容詞

これらも，上述の「定のものから先に指導する」，不定指示詞よ
りも定指示詞を先に指導するという考え方のよい証拠となる。

4.4.　不定冠詞 a(an) の指導

　①～③に対して，④の不定冠詞 a(an) は具体的な場面とは結
びつかずに，制約を受けない時に使われている。つまり，名詞句
を限定して言う必要がない時や言うとおかしくなる時に用いられ
ている。さらに，①や②では言えない時にも用いられている。そ
のため，a（an）の導入は①～③から切り離して行う。そのほう
がそれぞれの違いを理解しやすいからである。具体的には，以下

のように行う。

a. ［生徒の持ち物（当然誰のかはわかる）を借りて］
This pen is Taro's.
It is *a* ball-point pen.

b. ［一見したところ，何であるかわかりにくく，また誰
の物か，生徒が言えない物を見せて］
What is this? *A* pen or *a* pencil?
Look. It is *a* pen.
［ペンを切り替えて］It is *a* pencil.

なお，①～④の指導が終わったところで，それぞれの違いをてい
ねいに説明する。詳しくは，田島（1991）を参照のこと。

4.5．**some と any の意味**

また，向笠（1990）は，Keene, 松浪（1970）を以下のように
引用して，実際の導入方法を検討した。

Keene, 松浪（1970）は，some と any の相違点について次
のように述べている。

The word *some* implies that there is a LIMIT:
the word *any* implies that there is NO LIMIT.
Some suggests DEFINITENESS:
any suggests INDEFINITENESS.

また，次のような例文を示している。

Here is a man in a bookstore: he asks, "Do you have
any books on Japanese history?" "Do you have *some*

82　第Ⅰ部　英語学・言語学と英語授業

　books on Japanese history?"
すなわち，some は「いくつかの，いくらかの」という具体
的な一定の数量を限定し，any は「どんな～でも」という意
味で，一定の数量を限定しない働きがある。したがって，
some と any の使い分けは，文が肯定文・否定文・疑問文の
いずれかであるかは関係ないといえる。

　これをもとに，向笠（1990）は some と any の導入について
も DEFINITENESS と INDEFINITENESS の違いに留意しなが
ら，(1) 肯定平叙文の some，(2) 肯定疑問文の some，(3) 否定
平叙文の some，(4) 否定文・疑問文の any の順で導入すること
を提案した。

　残念ながら，現行の中学校教科書は題材重視で編集されている
ため，some と any も含め，determiner に関してはそれぞれの
語を意識して扱われていない。まずは基本的な用法を重視して，
導入，練習することが望ましい。

5.　まとめ

　新出文法事項をただ「規則（ルール）」を丸暗記させるのでなく
て，口頭導入（Oral Introduction）により指導していく。そして，
オーラルワーク中心の活動を行い，新出言語材料を生徒が使える
ようにする。そのためには，言語学・英語学の多くの知見が役
だっていることを，かつての語研の研究グループの研究成果のい
くつかについて，具体例も合わせて提示した。

引用文献

藤井昌子（1986）「文法用語再検討⑤　過去分詞」『英語教育』8 月号．

池内正幸（1985）『名詞句の限定表現』（新英文法選書 6），大修館書店，東京．

Jespersen, Otto（1949）*A Modern English Grammar*, *EJNAR MUNKS-GAARD*: 393.

Dennis Keene・松浪有（1970）*PROBLEMS IN ENGLISH An Approach to the Real Life of the Language*，研究社出版，東京．

文部科学省（2018）『中学校学習指導要領（平成 29 年告示）解説外国語編』開隆堂出版，東京

向笠敦子（1990）「文型・文法事項等導入法再検討 24　some & any」『英語教育』3 月号．

織田稔（1990）『英文法学習の基礎』研究社出版，東京．

マーク・ピーターセン・上田明子・木下是雄・高野フミ（1990）『なぜ日本人は英語が下手なのか』（岩波ブックレット No. 148），岩波書店，東京．

四方雅之（1990）「文型・文法事項等指導順序再検討③　過去分詞」『英語教育』6 月号．

四方雅之（1991）「文型・文法事項等指導順序再検討⑯　最上級」『英語教育』7 月号．

田島久士（1991）「文型・文法事項等指導順序再検討⑮　Determiner」『英語教育』6 月号．

内野明和（1988）「文型・文法事項等導入法再検討 6　比較」『英語教育』9 月号．

内野明和（1990）「文型・文法事項等指導順序再検討⑧　比較級」『英語教育』11 月号．

八木孝夫（1987）『程度表現と比較構造』（新英文法選書 7），大修館書店，東京．

安井稔・秋山怜・中村捷（1976）『形容詞』（現代の英文法 7），研究社出版，東京．

第6章

英語学に期待するもの
―第2の R. A. クロースをめざして―

八宮　孝夫

（筑波大学附属駒場高等学校）

1. はじめに

　本稿では，現場教師として英語学の知見に期待するものを述べる。現場で遭遇して，これまであまり参考書などでも触れられてこなかった事象を取り上げ，現在の英語学ではこれをどのように説明するのだろうかと指摘していくわけであるが，言うは易く，行うは難し，という面がある。そもそも，筆者は英語学の研究に精通しているわけではなく，指摘する事象が既に説明済みの例である場合もあるかもしれないが，そこはご容赦願いたい。

　まず初めに，英語学全般について期待することを述べたい。かつては，英語教育と英語学とはもっと近しい関係にあったように思う。伝統文法の中でも科学的文法に属するヘンリー・スウィートやオットー・イエスペルセンなどは文法書を書くとともに，外国語教育論のようなものも書いていた（Jespersen（1904））。また英語教授研究所（現・語学教育研究所）初代所長である H. E. パーマーも，音声学の手引書や英文法書を書く一方で，それに基

84

づいたオーラル・メソッドを展開し実践してきた (Palmer (1921))。
米国のオーラル・アプローチでも C. C. フリーズは自身で英文
法書を著し，同時にパタン・プラクティスの提唱も行った (Lado
and Fries (1943))。筆者が教師になった 1980 年代以降でも，
R. A. Close (1981) があり，Leech and Svartvik (1994) などは
Quirk et al. (1985) をベースに外国語教育にも適した平易な言
葉で説明のなされた良書であった。日本でも，生成文法の知見に
基づいた文法書 (中島 (1980) や安井 (1982)) も登場したが，良書
でありながら使用されている文法用語のなじみのなさから，従来
からある江川 (1991) などに比べると，すこし近づきがたいもの
があった。

　現在はさらに生成文法の理論も進化し，また認知言語学のアプ
ローチなども有益と思われるが，教育現場との橋渡しとなるよう
な，まとまった英文法書，というものはまだないのではないだろ
うか (安藤 (2005) や Radden and Dirven (2007) などは，優れた試み
だと思われる)。

　では，個々の事象を取り上げることにするが，単に疑問点を指
摘するだけでなく，筆者に入手可能な図書を参考に推論や試論を
提示しつつ，しかしそれ以上は英語学の知見を待ちたい，という
形で進めていく。

2. 英語史や新情報・旧情報など情報構造の視点

　英語は名詞の格変化の消失や動詞の活用の単純化のために過去
の姿からだいぶ変化した言語である。それでも，ところどころに
過去の英語の名残が見える部分もあり，時にはそういう情報を紹

86　第 I 部　英語学・言語学と英語授業

介することで学習者の知的関心を示すことができる。たとえば，
語順によって文法関係を示す英語にとって，「倒置構文」はS＋
VがV＋Sになるということで，英語の語順がもっと自由だっ
たころの名残とも考えられ，英語史的な情報があると有益なもの
のひとつである。この構文は，比較的シンプルな場合は学習者に
とって難しくはないが，以下の例のように，挿入句などがあると
構文がとりにくい場合もある。

(1)　The invading bacteria are allowed to slip into this sea
without problem once they've made it through the first
barrier.　They're even given a few minutes of unboth-
ered propeller-throbbing swim.　<u>Only then, well away
from the safety of the shell wall, does the attack be-
gin.</u>

(The Nightly Battle: Bacteria vs. Egg, *The Universe of Eng-
lish* より)

　バクテリアが卵の殻の内側の薄い膜という第1関門を越え，
自身の海をしばらく泳いだところで，初めて卵の攻撃が始まる，
という文脈である。この "Only then ... does the attack begin."
に見られるような，強調のための「倒置構文」がある。ここでは，
間に "well away ... the shell wall" という挿入句があるために，
わかりにくくなっている。こういう倒置は，全ての副詞句で起こ
るのではなくて，否定や準否定の never, seldom, rarely や only
で始まる場合とされる。現行の *Unicorn English Communica-
tion* 2 の TM には，以下のような解説がある（一部抜粋）。

(a) 否定を表す語句を文頭に出す場合

<e.g.> Seldom did a storm strike with that force.

Not a single word did she say.

(b) 副詞（句）を文頭に出す場合

<e.g.> There goes your brother.

On the grass sat an enormous frog.

(c) 補語を文頭に出す場合

<e.g.> So ridiculous did Mary look that everybody

burst out laughing.

(d) 目的語を文頭に出す場合

・否定の意味を含まない場合，倒置しないのが普通。

(e) 倒置の形

・述語動詞が助動詞の場合についても形を覚えさせる。

　限られているスペースの中で，形の上ではもれなくカバーして
いる。しかし，(a)，(c) のように倒置して do/does/did が助動
詞的に置かれる場合と，(b) のように動詞がそのまま倒置される
場合がある。学習者にはそのあたりが疑問として浮かぶのだが，
そのような説明は通常記載されていない（(1) の例でいえば，な
ぜ "Only then, … begins the attack." ではなく，"does the at-
tack begin." なのか，ということ）。福地 (1985: 120) には，(b)
の場合は「倒置文の前置要素は先行文脈，又は発話の場面と何ら
かの内容的つながりがある」「主語自身は必ず新情報を担う必要
がある」「軸となる動詞は意味内容に乏しく情報量の少ないもの
でなくてはならない」とある。確かに，(b) の用例の "goes" や
"sat" は動詞としてはつなぎ程度の役割で，その後に来る名詞に

88   第Ⅰ部 英語学・言語学と英語授業

新情報としての価値がある。したがって，do/does/did の補助語
を用いて動詞に注目させる必要はないわけである。一方，(a) で
は強調として前置された否定語句ばかりでなくそれと連動する動
詞も重要なために，上記用例のような形を取り，かつ，そこにも
ストレスが置かれることになる（(1) の場合は "begin" にストレ
ス）。(c) も同様の説明がつく。このように，情報構造への言及
が少しあることで，ただ形式に注目するのでなく，この形式を取
る理由にも納得がいくことになる。TM などにも，必要に応じ
て，ストレス記号やイントネーション表記が求められる。

　倒置構文で，もう 1 つ疑問がわくのは仮定法の場合である。
たとえば，

(2) a.　If you were in his position, what would you do?
　　b.　Were you in his position, what would you do?

なぜ，倒置をすると if が不要になるのだろうか。
If にはまた，次のような用法もある。

(3) a.　Were you in his position at that time?
　　b.　I'm not sure if you were in his position at that time.

用法は異なるが，表面上の 2 つの関係は似ている。この類似
が，仮定法の場合倒置すると if が不要になることに影響を与え
ているのだろうか。

　これに関して，Huddleston and Pullum (2002: 970) には以下
のような例が見られる。

(4) a.　If you're free this afternoon, we can go and look at

some houses.

b. <u>Are you free this afternoon?</u> <u>If so</u>, we can go and look at some houses.

つまり (4a) のような条件節は「今日の午後が暇である／暇でない」という2つの可能性を含意しており，一方 (4b) のようなYes-No疑問文は，この2つの可能性に対応しているわけである。つまり，疑問文と if 節とは，「ある状況が事実かどうかわからない」という点で似通っているのである。最新の英語学の知見は，この現象をどう説明するのであろうか。

3. 動詞のとる構文パタンと意味の関係[1]

英語における語順の重要性は前述したが，とりわけそれぞれの動詞が取るパタン（動詞型）に習熟することが英語をマスターする上での重要なポイントになっており，そのパタンを取る理由づけが行われれば，学習負担も少し軽減されると思われる。たとえば，動詞の後に to 不定詞が続くか ing 形が続くか，については，「to は本来方向性を示すので，未来志向の動詞 want, hope, decide のようなものと相性がよい」というような目安は，現在では広く知られており，単なる丸暗記にならない手助けとなっている。

ところが，「○に～するように言う・助言する・提案する」のような意味を表す動詞は，その意味に応じて不定詞を伴ったり，

---

[1] 第10章岡田論文も参照（編者注）。

90 第Ⅰ部 英語学・言語学と英語授業

that 節を伴ったり，さらに複雑なパタンがあり，学習者が混乱し間違えやすいもののひとつである。たとえば advise を使用すべきところを

(6) *I suggested him to go to the museum by taxi.

という例をよく見かける。このようなところに，英語学の知見を活かせないものだろうか。

Unicorn English Communication 1 の TM（L. 3）では〈S＋V＋O＋to 不定詞〉の説明で，以下の 3 つに分けている。

① 「S＋V＋O＋to 不定詞」＝「S＋V＋O＋that 節」となる動詞（advise, beg, teach, tell, warn など）
② 「S＋V＋O＋to 不定詞」＝「S＋V＋that 節」となる動詞（ask, expect, intend, order, request など）
③ that 節を用いて書きかえられない動詞（allow, compel, enable, like, want など）

一方，suggest については，*Unicorn English Communication* 2 の TM（L. 9）の仮定法現在の用法の説明がある。「suggest, demand などの動詞の後に来る that 節」として，「実現していないことを提案・要求・必要・主張・命令する場合に用いる」と説明している。「助言・提案」という機能としては近しい advise と suggest であるが（現に *Longman Language Activator* では両語は同じ項目に入っている），構文としては別物として扱われ，多くの文法書でも不定詞と仮定法現在の項目で別々に扱われていることが多い。構文による分類に焦点が置かれ，どうしてそのような構文を取るか，意味やニュアンスの違いはあるのかに触れられ

第6章　英語学に期待するもの　　91

ることは少ない。

　池上（1991: 71-80）では，「「形式が異なれば意味も異なる」
というテーゼが実は言語にとってほとんど宿命的に受け入れざる
を得ないものであるという認識が次第に強くなってくる」として，
以下の例を出す。

(7) a.　She asked him to leave.

　　 b.　She asked that he leave.

　to 不定詞を用いた a）は彼女が面と向かって直接求めた感じ，
that を用いた b）は第三者を介して間接的に求めた感じ，となり
to 不定詞のほうが強制力が強いように感じられる。

　suggest の定義は "to put forward an idea or a plan for other
people to think about"（*OALD*）で，あくまでも相手が考慮する
にすぎないのであるから，強制力の強い to 不定詞は相性が悪い
わけである。一方，advise は "to tell somebody what you think
should do in a particular situation"（*OALD*）で相手に対する直接
性も感じられ，to 不定詞との相性も良さそうで，用例を見れば
果たして，以下のような例が載っている。

(8)　Police are advising people to stay at home.

　advise はまた，目的語＋that 節や 〜ing 形を取るようである。
前述の suggest は that 節と 〜ing 形を取るとされているので，
(6) の例は

(9) a.　I advised him to go to the museum by taxi.

　　 b.　I advised that he [should] go to the museum by

taxi.

c. I suggested that he [should] go to the museum by taxi.

あたりが良さそうである。

Givón（1993: 3–19）では "The stronger the semantic bond is between the two events, the more extensive will be the syntactic integration of the two propositions into a single clause" と述べ，that 節を取る場合は，提案も間接的で，また実際にそれが実行される強制力も弱いことが指摘されている。学校現場でも，形式上の分類だけでなく，形式の違いによる意味への反映，ニュアンスの違いといったものに言及することで，より深い理解を得られると考えられ，この方面での英語学の知見はぜひとも必要である。

4. 話者の認知，文脈を考慮して[2]

4.1. いわゆる「総称的表現」について

言語を発する際に話者は認知機能で周りの状況を認識し，それを母語の文法に則って言語化していくわけであるが，とりわけ指示（reference）行為においては，話し手は聞き手にとってこの事物が既知であるか，未知であるか判断しながら定冠詞や不定冠詞を使い分けていく。もちろん，その判断は間違うこともあるので，Radden and Dirven（2007: 88）には以下のような例が載っ

---

[2] 第 12 章今西論文も参照（編者注）。

ている。

(10) Gerald to Harry: "We'll meet at *the pub* in Greek Street." (Gerald goes to the 'Coach and Horses', while Harry is waiting in the 'Three Greyhounds'.)

話し手が聞き手に期待しているパブと聞き手が想定したパブにずれがあったわけである。上記の書では個々の事物を指示するのは個別的指示（individuative reference）と称しているが，指示機能には総称的指示（generic reference）というものもある。

江川（1991: 1）では総称的指示として，以下の3つをあげている。

(11) a. A horse is a friendly animal.〈口語〉

b. Horses are friendly animals.〈口語〉

c. The horse is a friendly animal.〈文語〉

*意味はいずれも「馬は人なつこい動物である」

この中では（11b）が好まれ，（11a）がそれに続き，（11c）はやや抽象性を帯びた形で，論文や解説記事などに使用する，との説明が続く。筆者は，ひとつの目安としてはこれで充分と考えるが，実際の文章では，単独で出ることはまれで，いろいろな要素が複雑に絡み合うものだと思う。織田（2007: 16-22）は「冠詞と英語の文章の展開」と題して，あるまとまったテクストの中で出てくる名詞がどのように指示されて流れていくか学習者にフローチャートを用いて確認させる方法が有効であると述べている。ここでは，1学期に扱ったバクテリアの話の補足として，インターネット上にあった資料の一部を引用し，その後で具体的に

94　第Ⅰ部　英語学・言語学と英語授業

フローチャートで名詞（主題）が指示されていく流れを確認する。

(12)　Bacteria and viruses

① Infectious diseases are caused by microbes. ② These are small organisms which are invisible with the naked eye and invade your body to get multiplied. ③ The symptoms caused by an infection depend on the location, nature of the infection and type of microbe.

④ The two major types of microbes are the bacteria and the virus. ⑤ Viruses are the smallest in size of all the microbes. ⑥ They are able to attack almost any living organism. ⑦ A virus uses another organism, like a human being, as a host. ⑧ It means that the virus invades a cell of the body and uses parts of the cell to multiply itself. ⑨ In this way hundreds of new viruses are produced. 〈中略〉

⑩ Bacteria are much larger than viruses. ⑪ They live almost everywhere and many of them don't cause infection. ⑫ A bacterium multiplies itself by division. ⑬ If the conditions are favorable (temperature, nutrition), some bacteria can multiply after every 20 minutes. ⑭ Your intestines contain large number of bacteria. 〈以下略〉　　　　　　　　　　　(Healthchanneltv)

主題はバクテリアとウィルスなので，表題は複数形による総称

第6章 英語学に期待するもの　95

形（11b）である。ウィルスがどのように表現されているか2段落を見てみよう（数字は文の番号）。

④ the virus → ⑤ Viruses → ⑥ They → ⑦ A virus → ⑧ the virus → ⑨ (hundreds of) new viruses

④では，微生物の2つの主なタイプということで the virus は定冠詞による総称的用法である（(11c)）。⑤では同じく総称的といっても複数形が用いられている。もし，The virus is the smallest というと，そのウィルスが最小，と限定される感じがするのだろうか。⑥は Viruses を They で受けて，ウィルスの一般的行動を述べているので総称的表現といえる。⑦も一般的行動だが，A virus と不定冠詞が用いられている。この場合，ウィルス全般といっても，個々のウィルスが別の有機体を利用する，という1対1対応の関係にあるため，複数形を続けることを避けたと推測される。⑧の the virus はどうだろうか。直前の a virus uses another organism を具体的に述べたもので，その意味では前述のものを指示言及して the virus と表現したとも取れるし，総称的に the virus としたとも取れる。⑨では⑧で取った行動の結果として新たな new viruses が生まれたというので，これは総称的とは無関係な複数形である。

同様に，バクテリアも見てみよう。2段落で1度出た後は，3段落が主な場所となる。

④ the bacteria → ⑩ Bacteria → ⑪ They, (many of) them → ⑫ A bacterium → ⑬ some bacteria → ⑭ (large number of) bacteria

96　第Ⅰ部　英語学・言語学と英語授業

④ではウィルスと並んでもう１つのタイプということで the bacteria は総称的ということができるが，総称的用法は「the＋単数形」だから，the virus と対になるのは複数形の bacteria ではなく the bacterium のはずである。しかし，バクテリアは通常複数形で使用するのであまり違和感がないのであろうか。⑩は複数形による総称的用法。⑪の They はそれを受けたもので引き続き総称的。後半はその多くは伝染病を引き起こさないと述べている。⑫は上の⑦と同じく，バクテリア全般にいえることでも，個々のバクテリアが分割によって増えることを意識しているためだろうか，通常では用いない A bacterium を用いている点が興味深い。⑬，⑭は繁殖した複数のバクテリアに言及しているので総称的用法とは異なる複数形である。

　以上，少しくどく見てきたが，文法書の説明からは，しばしば，〈口語〉〈文語〉の差でどの形式を用いるかが決まるような錯覚を起こすが，実際には文脈により，どこに焦点を当てているかで，使用する形式が決まることがわかった（特に上の⑦，⑫の例）。したがって，樋口（2003: 239, 292）のように，不定冠詞にも定冠詞にも総称的「意味」はなく，文脈によっては総称的解釈可能な場合がある，くらいにとらえるのがよいかもしれない。このような現実に即した形で，新出・既出の用法も含め，冠詞の用法を捉えた説明が求められる。ある特定の表現が使用される裏にはどのような認識が働いているのか，という説明を現場の教師は欲していると思われるので，そこに英語学の知見を活かす余地がある。

4.2.　文脈が大切なもうひとつの例

　もうひとつ興味深い問題は，文⑧の "the virus invades a cell

of the body" である。ここでは，the body とは文脈上，文⑦の another organism のことなのだが，body＝「からだ・肉体」と思い込んでいる学習者にはピンとこないであろう。厳密にいえば，書き手が **the** body と表現している以上，文脈で自明のものの body なのだと読み手も推測し，another organism's body と了解するわけで，この何気ない the の働きは非常に大きい。代名詞で前に言及された名詞を指すのはよくあることで，学習者の意識も向けやすいのであるが，前に出た名詞をより一般的な語（general word）で繰り返す場合は，定式化しにくいためか，語彙の範疇のためか，文法で扱われることは少ないように思われる（Halliday and Hasan (1976: 278) では「反復（reiteration）」と称していくつか例をあげている）。

織田 (1990: 52) は，「今の英文法は，すべてが sentence 中心で，現実の発話には当然の，文から文への展開という視点が全く欠けている」と述べ，共通一次試験の英語の文章を例として，主題を表す重要語句が各文から各文へどのように受け渡されていくかを示している。英語学の知見も，"from sentence to text" という視点が求められる（Biber et al. (1999: 262-268) の冠詞の用例は文脈を明示しているものが比較的多く，参考になる）。

5. おわりに

本稿では，英語の倒置構文，動詞型，総称的指示などを例にして，「英語学を英語授業に活かす」ことの提案をしてきた。

英語学では，というより言語学では，「意味」は客観的に扱えないという理由で一種タブー視されてきた歴史がある。文法的な

形式が異なっても（たとえば能動態と受動態），「知的意味（propositional meaning）」は変わらない，という立場であった。しかし，現場の教師が必要としているのは，英文を読む際には，その文の持つ意味・ニュアンスの違い，なぜその形をとるのか，といったことであり（上の例でいえば，Bacteria で文章が進んできたものが，A bacterium とすることでどんなニュアンスが出てくるか），英語で表現する際には，自分の意図を最も効果的に伝えるにはどのような形をとったらよいのか（上の例では〈advise＋O＋to ～〉を用いるか〈suggest that ～〉を用いるか，など），ということではないかと思う（その点で，意味論の大家 J. ライオンズの 'subjectivity' についての発言は興味深い（Lyons（1995: 339–340）））。

　最近では海外交流なども徐々に盛んになり，相手校の教師とのメールのやり取りも増えている。こちらの希望を相手に失礼のない形でどのように伝えるか，は絶えず意識することである。依頼などにどのような動詞を使えば適切か，that 以下を直説法にするか仮定法にするか，助動詞は should か might かなど，微妙にニュアンスが変わってくるであろう。現実的にも，真の意味でコミュニケーションのための英語を教えることが要求されているといってよい。

　幸い，この 20 ～ 30 年の英語学では，話者が身の回りの状況をどう表現するか，何を主題として既知から未知の情報へと展開してゆくか，聞き手に対してどの程度の確かさで伝えてゆくか（ハリデイはそれぞれ clause as a representation, clause as a message, clause as an exchange と呼んだ（Halliday（1994: 34）），という分野の研究が進んだのではないだろうか。

第6章　英語学に期待するもの　　99

　本稿の表題にある R. A. クロースは長年にわたり海外で外国
語としての英語を教えた英語教育者であると同時に英語学にも通
じており，"Honorary Research Fellow at University College,
London" の立場で Quirk et al. (1972) の知見をファーストハン
ドで取り入れながらも，200ページに満たないスペースで英文法
のエッセンスをまとめた人物である。伝統的な品詞分けでなく，
"Tense" "Quantity" のような概念を英語ではどう表現している
か，それをイメージ図など用いて解説している。

　たとえば，筆者はそれまで名詞を性質により「可算」「不可算」
というふうに固定して考えていたが，クロースは，「可算名詞」
であっても「量・部分」としてとらえる場合は冠詞などつけない
こと（例：an apple だが，切り身の場合は a piece of apple），
「不可算名詞」であっても個々の具体的事物を表すときは複数形
も取りうること（例：くだけた場面で two coffees），など文法は
固定したルールでなく，モノの見方を具現化したもの，として説
明している。今では常識といえるような事象であるが，当時の筆
者には一種のパラダイム・シフトともいうべき説明であった。

　その意味で，この間の英語学の知見を活かし，同時に英語学習
者のわかりにくいところはどこかというような視点を保った新た
な "R. A. クロース" の登場が期待される。それに近いものとし
て Radden and Dirven (2007) には既に言及し，「総称的指示」
で紹介した。英語ノンネイティブの研究者がまとめた英文法書と
いう点でも参考になるのではないかと思う。さらには，その知見
を，中学教科書や高校の題材などを用例としてあげ，導入にも配
慮した五島・織田（1977），織田（1990）に相当するような啓蒙
書があると，良き橋渡しになるのではないだろうか。

参考文献

安藤貞雄（2005）『現代英文法講義』開拓社，東京．

Biber, Douglas, Stig Johansson, Geoffrey Leech, Susan Conrad and Edward Finegan (1999) *Longman Grammar of Spoken and Written English*, Longman, London.

Close, R. A. (1981) *English as a Foreign Language*, 2nd ed., Longman, London.

江川泰一郎（1991）『英文法解説』（改訂3版），金子書房，東京．

樋口昌幸（2003）『［例解］現代英語冠詞事典』大修館書店，東京．

福地肇（1985）『談話の構造』（新英文法選書 第10巻），大修館書店，東京．

Givón, Talme (1993) *English Grammar* Vol. II, John Benjamins, Amsterdam and Philadelphia.

五島忠久・織田稔（1977）『英語科教育　基礎と臨床』研究社出版，東京．

Halliday, M. A. K. (1994) *An Introduction to Functional Grammar*, 2nd ed., Edward Arnold, London.

Halliday, M. A. K. and Ruqaiya Hasan (1976) *Cohesion in English*, Longman, London.

Huddleston, Rodney and Geoffrey Pullum (2002) *The Cambridge Grammar of the English Language*, Cambridge University Press, Cambridge.

池上嘉彦（1991）『〈英文法〉を考える』筑摩書房，東京．

市川泰男・高橋和久ほか（2014）*Unicorn English Communication* 1 (Teachers' Manual)，文英堂，東京．

市川泰男・高橋和久ほか（2014）*Unicorn English Communication* 2 (Teachers' Manual)，文英堂，東京．

Jespersen, Otto (1904) *How to Teach a Foreign Language*, S. Sonnenschein & Co., London.

Lado, Robert and Charles C. Fries (1943) *English Pattern Practices*, University of Michigan Press, Ann Arbor.

Leech, Geoffrey and Jan Svartvik (1994) *A Communicative Grammar of English*, 2nd ed., Longman, London.

Lyons, John (1995) *Linguistic Semantics*, Cambridge University Press, Cambridge.

中島文雄 (1980)『英語の構造 (上・下)』岩波書店，東京.

織田稔 (1990)『英文法学習の基礎』研究社出版，東京.

織田稔 (2007)『英語表現構造の基礎』風間書房，東京.

Palmer, Harold E. (1921) *The Oral Method of Teaching Languages*, Heffer and Sons, Cambridge.

Quirk, Randolph, Sidney Greenbaum, Geoffrey Leech and Jan Svartvik (1972) *A Grammar of Contemporary English*, Longman, London.

Quirk, Randolph, Sidney Greenbaum, Geoffrey Leech and Jan Svartvik (1985) *A Comprehensive Grammar of the English Language*, Longman, London.

Radden, Günter and René Dirven (2007) *Cognitive English Grammar*, John Benjamins, Amsterdam and Philadelphia.

東京大学教養学部英語部会 (編) (1993) *The Universe of English*, 東京大学出版会，東京.

安井稔 (1982)『英文法総覧 (改訂版)』開拓社，東京.

参考辞書

Longman Language Activator 2nd ed. (2002), Pearson, London.

Oxford Advanced Learner's Dictionary of Current English, 7th ed. (2005), Oxford University Press, Oxford.

第Ⅱ部

文型と構文

第7章

学校英文法を少し斜めから

中島　平三

（東京都立大学名誉教授）

　少し前のことになるが，ユネスコが1965年に出した「現代外国語教育に関する勧告」の中で，外国語教育の目的を「教育的であると同時に実用的である」と定め，それに続けて「現代外国語学習のもたらす知的訓練は，その外国語の実用的使用を犠牲にしてなされるべきではない。他方，その実用的使用がその外国語の言語的特徴を十分に学習することを妨げてもならない」と，実用性と教育効果の両方に配慮する必要性を説いている（江利川ほか(2014)）。

　我が国の，特に中高校の英語教育の主要な目的が，いわゆる4技能の向上にあるという点では，まず大きな異論はないであろう。だが，この目的は上記のユネスコ勧告にある2つの目的の内の一方の実用的目的にほかならない。もう一方の目的である「知的訓練」や「その外国語の言語的特徴の学習」という目的は，現状では，すっかり後ろに追いやられているように思われる。

　私は，拙著『これからの子どもたちに伝えたい　ことば・学問・科学の考え方』（開拓社 (2015)）の中で，教育には「正面から

104

の教育」と「斜めからの教育」の両方が必要であることを主張した。学校での教育は，教科書に書かれていることを順番に整然と教え，生徒たちがそれを理解し，記憶し，定着させることを目指す。これは「正面からの教育」に当たり，基礎学力を育む上で不可欠である。それとは別に，教科書を出発点にして教科書の内容とは異なる方向へ展開させたり，関係した別の教材を用いたりして，生徒たちに自ら気付かせたり，視点や着想を変えたりする訓練が必要なように思われる。こうした「斜めからの教育」によって，新たな発想，独自の視点，問題解決能力などを育んでいくことができるものと期待される。

　「正面から，斜めからの教育」のアプローチは学校の英文法教育にも当てはまるように思われる。教科書の内容を理解・記憶・定着させて，4技能の向上を目指すのは「正面からの学校英文法」。我々日本人が外国語として英語を学ぶ上で避けて通ることはできない学習である。だが，多くの時間と努力を要するこうした学習をそうした目標だけに留めておくことは，何とももったいないような気がする。正面からの学校英文法教育で身に付けた知識を通じて，「斜めからの英文法教育」，すなわち，ユネスコ勧告が言う，英語や日本語の言語的特徴への気付きや，知的訓練に活用することはできないであろうか。

　以下では，高校生になじみのある「5文型」を取り上げ，斜めからの学校英文法の具体例を3例ほど示してみたい。

1．5文型から，英語や日本語の特性を気付かせる

　改めて示すまでもないかもしれないが，5文型とは，文の構成

要素を主に文法関係に基づいて定義した次の 5 つの文型のこと
である。

a. 第 1 文型　　　　　S　V
b. 第 2 文型　　　　　S　V　C
c. 第 3 文型　　　　　S　V　O
d. 第 4 文型　　　　　S　V　O　O
e. 第 5 文型　　　　　S　V　O　C

　5 文型から，英語や母語の日本語について，いろいろなことを
気付かせることができる。

（イ）　**主語の存在**　まず，どの文型にも S（主語）が存在し
　　　ている。ということは，英語の文にとって主語はなく
　　　てはならない義務的要素ということができる。これ
　　　は，日本語の主語と比べてみると，英語の文の 1 つ
　　　の大きな特徴であることがわかる。日本語では，「良
　　　く晴れている」，「今度の日曜日に彼とデートらしい
　　　よ」，「性格からして，誰とでもうまくやっていける
　　　よ。心配しなくてもいいさ」などのように，主語が現
　　　れなくても不自然ではない。英語では主語が義務的で
　　　あるので，存在文や，天候や状況を表す文では，
　　　there や it のような特別な意味を持たぬ語（虚辞）で
　　　あっても，主語の位置を満たさなくてはならないので
　　　ある。

（ロ）　**動詞の位置**　またどの文型でも，V（動詞）が S の直
　　　後に現れている。これも，日本語の文の動詞の位置と

比べてみると，英語の文の1つの特徴であることに気付く。日本語では，「卒業生代表が答辞を<u>読んだ</u>」，「みんなで蛍の光を<u>歌った</u>」のように，動詞が文末に現れる。こうした日英語の動詞の位置の違いは，前置詞句や形容詞句などさまざまな句における中心となる語（主要部）の位置の相違にも影響してくる。

(ハ) **Vの後続要素** 5文型のどの文型でも，Vの後ろに続く要素の数は，ゼロから多くても2つまでである。そのことに気付けば，文の構造は複雑ではないことに気付くはずである。また文は，Vの後ろにどのような働きをする要素がいくつ続くかによって，異なった文型に分類される。ということは，文で用いられる動詞が決まれば，どのような働きをする要素をいくつ必要とするかが決まってくるわけである。動詞は文を組み立てる上で要（かなめ）となっている。

(ニ) **副詞的要素** どの文型にも，He drives a car <u>carefully</u> <u>in the city area.</u> における下線部や波線部のような，副詞的な修飾要素については触れられていない。副詞的な要素は，どの文型にも随意的に現れ得るので，文型に分類する上では役立たないからである。文に現れる要素には義務的要素と随意的要素があり，義務的要素に基づいていずれかの文型に分類されている。

(ホ) **助動詞** またどの文型でも，She <u>can</u> swim. における can のような助動詞について触れられていない。can や may などは，助動詞の中でも法助動詞と呼ばれるものである。確かに法助動詞は，She swims well. の

108 第Ⅱ部 文型と構文

ように現れなくても良いのだから，随意的要素ということになる。助動詞全般については，3節で詳しく見ることにする。

2. 例外が例外でないことを「論証」する

前節で，どの文型でも S（主語）が義務的であり，それが英語の文の1つの特徴であることを見た。だが，教科書には次のような命令文の例が例示されている。主語が現れていない点に注目。

(1) Come here./Be careful.   (Vision, 6)[1]

そして，「命令文は，動詞の原形で文を始める」と説明されている（Vision, 6）。また参考書では，「命令を表わす文の場合例外で，主部を表わさないのが通例」というふうに，命令文は5文型の例外であることに注意を促している（Shorter, 1, 傍点は筆者）。

5文型から主語が義務的であることに気付かせたにも拘わらず，すぐその例外が出てくると，生徒たちは「やっぱり文法は例外だらけなのだ。文法は暗記する以外にない」という気持ちになってしまうかもしれない。

だが，命令文も英語の文であるのだから，「主語は義務的」の原則からすると，主語があるはずであり，無いように見えるのはそう見えるだけ，ということを，生徒たちが学ぶ文法項目から「論証」する練習をしてみることにしよう。

---

[1] 引用文献の表記法は，参考文献欄を参照。

第7章 学校英文法を少し斜めから 109

代名詞の中でも，-self 形の再帰代名詞と呼ばれる代名詞については，「主語と目的語が同一の人（物）を示す場合，目的語に再帰代名詞を用いる」と説明され，次のような例文が例示されている (Forest, 50)。

(2)　Mike hurt himself in the baseball game.

再帰代名詞の形が主語との関係で決まってくるのである。また再帰代名詞が命令文に現れている例として，次のような例文が参考書に載っている。

(3)　Look at yourself in the mirror.　　　　　(Inspire, 548)

この命令文には主語が現れていないが，再帰代名詞が yourself になっている。再帰代名詞の形は主語との関係で決まってくるのであるから，再帰代名詞の形 yourself を決定する主語として，2人称の you があると考えなければならない。

もう1つ，付加疑問文を取り上げてみよう。付加疑問文というのは，平叙文の後ろに，助動詞と主語から成る付加節が続く文のことである。その付加節の「主語は，その文の主語を表す代名詞を使う」と説明されている (Forest, 370)。そして，命令文の付加疑問文の例として次のような例文が載っている。

(4) a.　Please sit down, won't you?　　　　(Forest, 29)
　　 b.　Show me your album, won't you?　　(Inspire, 52)

付加節の主語が you になっている点に注目しよう。手前の命令文の部分には主語が現れていないが，付加節の主語は先行する文の主語の代名詞形であるのだから，先行する命令文には主語と

110　第Ⅱ部　文型と構文

して you があると考えなければならない。

　命令文では一見主語が欠けているようだが，再帰代名詞の点からも付加疑問文の点からも，命令文にも主語があると考えなければならない。命令文も「英語では主語が義務的」という原則の例外ではないということがわかる。命令文は，相手に向かって何かを命令したり要請したりする時に用いられるので，相手を表す you をわざわざはっきりと表す必要がないというだけのことである。

3.　見えない要素の存在を「論証」する

3.1.　述語動詞

　1 節の（ホ）で見たように，5 文型には助動詞（特に，will や can のような法助動詞）が現れていないので，助動詞は文にとって義務的ではなく，随意的な要素のように思われる。

　学校英文法では，動詞の形を大きく「述語動詞」と「準動詞」に分けられる（Vision, 10; Inspire, 24）。述語動詞とは，「時や主語によって形を変える」動詞とされている (Forest, 52)。つまり，現在や過去の時制変化をし，現在形では主語が 3 人称単数の時に -s が付くような動詞のことである。興味深いのは，動詞が will や can のような法助動詞と一緒に生じている場合には，「［助動詞＋原形動詞］で 1 つの述語動詞」と見なされている点である (Inspire, 24)。

　とすると，He dances. のように，述語動詞が法助動詞を含まず時制変化しているに場合ついても，［助動詞＋原形動詞］という具合に 2 つの要素から成り立っていると考えることができる。

現在形は基本的に現在のことを，過去形は過去のことを表すのだから，未来のことを表すのに助動詞 will と原形動詞という2つの要素から成り立っていると同じように，現在形は「現在を表す助動詞」と原形動詞，過去形は「過去を表す助動詞」と原形動詞という2つの要素から成り立っているものと考えることができる。「現在を表す助動詞」とか「過去を表す助動詞」はあまり聞き慣れないが，前者を -Present，後者を -Past として示していくことにしよう（斜字体は抽象的な要素であることを，左側のハイフォンは左側に動詞が来るのを求めていることを示している）。

そうすると，現在形の述語動詞も，過去形の述語動詞も，法助動詞を含む述語動詞と同様に，［助動詞＋原形動詞］から成り立っていることになる。述語動詞はいずれも，助動詞と原形動詞という2つの要素から成り立っている，と一般化することができる。

(5)　述語動詞
　　a.　現在形：　　　　　　　　　 -Present＋原形動詞
　　b.　過去形：　　　　　　　　　 -Past＋原形動詞
　　c.　法助動詞を含む場合：　法助動詞＋原形動詞

-Present も -Past も，will などと同様に助動詞なのだが，will などの法助動詞は1つの独立した語であるのに対して，-Present や -Past は独立した語ではなく，独り立ちできずに必ず動詞に付着する「接辞」であるという点で相違している。これらの接辞が動詞と隣接している時に動詞に付着する。(5a) では，接辞の -Present が動詞に付着して動詞の現在形に，(5b) では接辞の -Past が動詞に付着して動詞の過去形になる。(5c) では，法助動詞が接辞ではなく独立した語なので，動詞に付着することは

112   第Ⅱ部　文型と構文

ない。

3.2.　時制要素は助動詞

　-Present や *-Past* の時制要素が助動詞であることは，それらの要素が，助動詞が関係する文法現象で，法助動詞と同じように振る舞うことから裏付けることができる。

　助動詞が関係する文法現象として，たとえば，中学でも習う Yes-No 疑問文を挙げることができる。Yes-No 疑問文は「主語の前に助動詞を倒置する」ことによって作られる。下記 (6a) では助動詞が will だから，それを主語 she の前に倒置すると，矢印右側のような Yes-No 疑問文が作られる。(6b) の *-Present* も (6c) の *-Past* も助動詞であるとすれば，主語 she の前に倒置される。倒置の結果，接辞である時制要素は動詞とは隣接していなくなる（最初の矢印の右側）。隣接していれば動詞に付着するところだが，付着する相手の動詞から切り離されてしまっている。接辞は独り立ちできないので，動詞に代わる付着の相手が必要である。そこで，「宙ぶらりん」の接辞を救済するために代動詞の do（1 節で触れた there や it と同じように，独自の意味を持っていない「虚辞」の一種）が接辞の横に挿入される（2 番目の矢印の右側）。

> (6) a.　She will dance → Will she dance?
>
> 　　b.　She *-Present* dance → *-Present* she dance → *-Present* + do she dance → Does she dance?
>
> 　　c.　She *-Past* dance → *-Past* she dance → *-Past* + do she dance → Did she dance?

その結果，接辞の -*Present* や -*Past* は「渡りに船」とばかりに，代動詞の do に付着する。この do に -*Present* が付けば現在形の do または does として現れ，do に -*Past* が付けば過去形の did として現れることになる（3番目の矢印の右側）。Yes-No 疑問文に現れる do/does/did（専門用語で「迂言助動詞」）は，倒置の結果「宙ぶらりん」になった時制の接辞を救済するために挿入された代動詞 do が時制変化したものにほかならない。

　助動詞が関係するもう1つの文法現象として，2節で触れた付加疑問文を考えてみよう。付加疑問文は平叙文と付加節から構成されており，付加節は，先行する平叙文の助動詞と主語から成り立っている。助動詞は平叙文と肯定・否定の関係が逆転する。次例では平叙文が否定形なので，付加節では肯定形になる。

(7) a.　She will not dance, will she?

　　 b.　She -*Present* not dance, -*Present* she → She -*Present*＋do not dance, -*Present*＋do she → She does not dance, does she?

　　 c.　She -*Past* not dance, -*Past* she → She -*Past*＋do not dance, -*Past*＋do she → She did not dance, did she?

(7a) では助動詞が法助動詞であるのに対して，(7b) では時制要素の -*Present*，(7c) では同じく時制要素の -*Past* である。時制要素は接辞であり，動詞に付着しなければ「生きていけない」ことを思い出すこと。ところが付加節（(7) の各例のカンマ右側部分）には，付着の相手になる動詞が現れていない。そこで，宙ぶらりんの接辞を救済するために代動詞 do が挿入されることになる。接辞は渡りに船とばかりに do に付着する（カンマの左側の

平叙文でも，接辞が not によって動詞から切り離されているので，do が挿入されている点にも注目せよ）。

　以上見て来た通り，述語動詞は常に助動詞と原形動詞から成り立っており，助動詞として法助動詞のこともあれば時制要素のこともある。時制要素は接辞なので，動詞と隣接している時には動詞に付着して動詞を現在形または過去形に時制変化させることになる。動詞から離れていて「宙ぶらりん」状態の時には，それを救済するために挿入された do に付着して，do/does/did（迂言助動詞）として具現化することになる。述語動詞を含む文では，助動詞として必ず法助動詞または時制要素のいずれかが含まれているのだから，助動詞は義務的要素であるということができる。

3.3. 準動詞と生じる助動詞

　動詞にはもう 1 種類「準動詞」がある。準動詞とは，不定詞に現れる原形動詞や動名詞に現れる -ing 形動詞のことを指す (Forest, 162ff; Inspire, 270ff)。どちらも，述語動詞とは異なり，時制変化していないから，助動詞としての時制要素が含まれているとは考えられない。もちろん法助動詞も含まれていない。とすると，上で述べた「助動詞は義務的要素」というのは述語動詞には当てはまるけれども，準動詞には当てはまらないということなのだろうか。できれば同じように扱いたい。以下では，準動詞のうち不定詞について見ることにする。他の準動詞については，中島 (2017) を参照。

　(She wants) to dance のような不定詞（下線部）を考えてみよう。不定詞は to と原形動詞から成り立っている。不定詞の to は，いろいろな点で法助動詞とよく似ている。類似点を 4 点ほ

ど挙げてみることにしよう。

(イ) **「未実現」の意味**　不定詞に共通している意味は「これから先のことを表わす」(Forest, 168) ことである。これから先のことであるから，まだ実現していない「未実現」という意味を持っているといえる。この「未実現」という意味は，法助動詞全般に当てはまる意味でもある。たとえば法助動詞の must は，「ねばならない」という義務を表しても「に違いない」という強い蓋然性を表しても，まだ実現していないこれから先のことや想像上のことを表している。また can が「ありうる」という論理的可能性を表しても「することができる」という能力を表しても，現実に行っていることではないので，やはり「未実現」のことである。不定詞の to は法助動詞と同様に，「未実現」という意味を表している。

(ロ) **後続動詞は原形**　不定詞の to に続く動詞も，法助動詞に続く動詞も，共に原形である。

(ハ) **法助動詞との共起**　不定詞の to の後ろに *to can dance のように法助動詞が現れることはない。同様に法助動詞の後ろに *will can dance のようにほかの法助動詞が現れることはない。

(ニ) **相助動詞との共起**　ところが同じ助動詞でも，完了形の have や進行形の be などの助動詞（相助動詞）は，to have written のように to 不定詞にも，will have written のように法助動詞の後ろにも，続くことがで

116　第Ⅱ部　文型と構文

　　　きる。

　このように多くの類似性があることからすると，不定詞の to
は法助動詞の 1 種であると見ることができる。そうすると，準
動詞にも to という助動詞が含まれているわけである。She
wants to dance. の不定詞の部分（下線部）には，主語が顕在的に
現れていないが，いわゆる不定詞の「意味上の主語」が含まれて
いるものと考えられる。したがって，下線部は「主語＋述部」か
ら成る不定詞節という「節」を構成していることになる。節には，
その動詞が述語動詞であれ準動詞であれ，必ず助動詞が含まれて
いることになる。助動詞は，それが法助動詞であるか時制要素で
あるか to であるかの違いがあるにせよ，英語の文を構成する上
での義務的要素ということができる。5 文型からはこの点が見え
てこない。

　不定詞の to を法助動詞と見なすことに対して，法助動詞なら
ば（6a）で見たように主語の前に倒置できるが，to は主語の前に
倒置できない，という反論が出るかもしれない。だが，助動詞が
倒置するのは主節（独立文）においてだけで，従属節では行われ
ない。不定詞節が生じるのは従属節としてだけだから，to が倒
置する環境に現れることはない。

　また，法助動詞は can-could のように時制変化するが，to は
時制変化しないという反論が予想される（池内正幸氏の指摘）。
だが could は can の過去形とは限らない。現在の推定とか許可
を表す時にも用いられる。もし can が could に対する現在形で
あるならば主語が 3 人称・単数の場合は -s が付いて時制変化す
るはずである。また法助動詞の must は一通りであり，現在形・

過去形の「時制変化」が見られない。法助動詞は，to を含めて，時制変化をしないものと考えられる。

4. まとめ

　規則には例外がつきものだが，文法の規則は，1つの規則を覚えたと思うとすぐに例外が出てきてしまう。その為に，生徒たちには，文法は例外だらけ，文法はひたすら覚えなくてはならない，だから無味乾燥で面白くない，といったあまり芳しくないイメージがつきまとうようである。

　だが，高校生程度の文法の知識を持っていると，それを活用して，教科書には書いていないようなことに気付いたり，一見例外のように見える現象が例外でないことを論証したり，表面的に見えない要素の存在を論証したりすることができるようになる。英語を外国語として学び，4技能を高めるには，その基本的な文法の決まりを理解し記憶しなければならないが（「正面からの教育」），苦労して記憶した文法の決まりを，単に4技能の向上の手段に留めておくのは，何とももったいないことである。文法の基本的な知識を，外国語や母語への気付き，柔軟なもの見方，深く考える思考力などの鍛錬にも活用したいものである（「斜めからの教育」）。

　文法の規則は一見すると例外だらけのようだが，少し深く分析すると，実によくできていることに気付く。本稿で見た命令文の主語や，述語動詞と準動詞における助動詞の有無などに関する議論から，そのことにある程度（もちろん，ほんの僅かだが）納得して戴けたのではないだろうか。ことばは文法に従って組み立て

られ，その文法が人間の脳の中に存在している。人間は誰もがことばを使えるのだから，人間は誰もが「実によくできた」文法を脳の中に持っているわけである。人間の脳は大変精巧で，人間は知的にとても「優れもの」である。そんな人間を誰一人として疎かにするわけにはいかない。

参考文献

〈末尾の（　）内は，本文中の出典表記の略記〉

江利川春雄・斎藤兆史・鳥飼玖美子・大津由紀雄（2014）『学校英語教育は何のため？』ひつじ書房，東京.

萩野敏（2012）『Inspire 総合英語』［三訂版］，文英堂，東京.（Inspire）

石黒昭博（監修）（2013）『総合英語フォレスト』［7 版］，桐原書店，東京.（Forest）

中島平三（2015）『これからの子どもたちに伝えたい　ことば・学問・科学の考え方』開拓社，東京.

中島平三（2017）『斜めからの学校英文法』（開拓社　言語・文化選書70），開拓社，東京.

安井稔（1985）*A Shorter Guide to English Grammar*，開拓社，東京.（Shorter）

『Vision Quest, English Expression I Advanced』（2015），啓林館，大阪.（Vision）

第8章

5文型は学習上役に立たない*

中村　捷

（東北大学名誉教授）

1.　はじめに

　学習文法は英語を外国語として学ぶときの手段である。学習文法は文法自体を教えることに意義があるのではなく，英語の理解と運用に役立つことを第一義に考えられなければならない。規範的に過ぎても，理論的に過ぎてもいけない。学習文法は英語の用法の本質的理解を学習者に提示するものでなければならない。

　このような視点から現在の学習英文法を見ると，不定詞の不必要な分類（「不定詞の動詞用法」や「感情の不定詞」まである），重文と複文の区別，話法の転換など学習英文法の本質には不必要と思われる事柄がいくつかある。そのような事柄の1つとして5文型をとりあげる。5文型はどの学習文法書にも載っていて日本の英語教育には浸透しているが，この概念は本当に学習者にとって有用であり実際に活用できるものであるかどうかを検討した

＊ 編集委員ならびに原稿を調整していただいた方に感謝申し上げる。

120　　第Ⅱ部　文型と構文

い。その結果，伝統的な5文型は，不定詞の分類などが不必要であるのと同様に，学習上不必要な概念であることが明らかになるはずである。従来学習上の有用性が深く検討されることなく，いわば慣習的に受け継がれてきた不適切な文法事項や概念を根本的に見直すことは新しい教授法を工夫することと同様に価値あることであり，英語教育の改革に大きく寄与すると考えられる。英語学の知見を英語教育に活かす有効な方法の1つである。

2.　5文型の歴史

　「5文型の始祖はOnionsである」というのがこれまでの定説であるが，それを根本から覆す研究が宮脇正孝（2012）によってなされている。それによれば，5文型の始祖はCooper and Sonnenschein（1889）であって「5文型という用語と概念を実際に使用した時間的順序として，Cooper and Sonnenschein（1889）がOnions（1904）に15年先行することは，指摘しておかなければならない」と結論している。

　宮脇の研究によれば，当時「パラレル文法シリーズ」というものがあって，数カ国語の文法書の作成を計画していたが，当時の文法書は言語が異なるごとに異なる用語を使用して書かれていて学習者に極めて不便であったことから，それを解消するために，統一した概念と用語を用いて各言語の文法を分析・記述することによって学習者の便を図る必要があった。その用語統一を目的として書かれたのが「パラレル文法シリーズ」の一冊であるCooper and Sonnenschein（1889）であり，そこに各言語の文法記述の共通の枠組みとして5文型が提示されていた。そしてOnions

（1904）はこのシリーズの英文法の部分に当たるので，当然のことながら Onions は Cooper and Sonnenschein（1889）の 5 文型を踏襲した。したがって，5 文型は Sonnenschein を中心とする「パラレル文法」の関係者のアイディアであって Onions の独創によるものではない。このように 5 文型の源流が Cooper and Sonnenschein（1889）にあることを説得的に論じている。

　日本では，5 文型は Onions を通して導入され，細江逸記（1917）によって浸透したというのが通説である。しかし 5 文型と同様の分類は，動詞の分類という形で齋藤秀三郎（1898–1899）によってすでに Onions よりも 5 年前に提示されている（齋藤秀三郎著『実用英文典』p. 179）。伊藤裕道（1993）は，日本の学習文法における 5 文型の形成は，通説とは異なり，「実践的・学校文法と呼ばれる Nesfield・齋藤の文法と，歴史的・記述的文法と呼ばれる Onions の文法とを，Onions の立場から細江が結びつけ，成立したというのが，より正確な事実である」と指摘している。特に補語の概念を日本の文法に導入したのは齋藤であり，それを C（＝Complement）として日本に広めたのは細江である。これによって，現在の S, V, O, C による「文の分析」が出来上がったのである。（5 文型の史的側面については川嶋正士（2015）を参照。）

3.　日本の英語教育における文法指導の現状

　日本における文法指導が揺らぎ始めたのは 1977 年の学習指導要領の改訂（1982 年実施）からである。この改訂によって高校英語から英文法の教科書が廃止された。当時教科書調査官であっ

た小笠原林樹（1993）はその理由について次のように述べている。

　　「戦後の学習指導要領のどこにも『英文法』という科目は登場していないのだから，教科書種目に『英文法』の検定教科書もないほうが，指導要領との整合性があり，また教科書としてそれに代わるものがいくらも市販されていたり，学校をまわる教材屋さんが持ち込んでいるのだから，困ることは少しもないと私は判断したのである。」

　小笠原は「英文法を自由化した」というが，現実には英語教育を文法不要論という誤った道に導くことになり，ひいては文法訳読法不要論につながっていく道を拓いたことになる。驚くのは，語学教育における文法の役割（思考訓練的役割）についての真摯な検討がまったく見られず，単に学習指導要領に英文法の科目が登場していないという理由だけで文法が退けられていることである。岡倉由三郎やヘンリー・スウィートの語学教育と文法の深い関わりについての優れた考察は参考にされなかったのであろうか（岡倉らの言語教育論については中村捷（編著）（2016）を参照）。

　川嶋正士（2015: 402）によれば，1995年から2008年まで14年間にわたり一貫して英語学力が低下しているとの調査結果があり，「この間に起きた2つの大きな出来事は「オーラルコミュニケーション」の導入による文法授業の廃止と英語授業数の削減であった。文法を教えずにコミュニケーション能力を向上させるという教育で英語力の育成が成功していないという事実を物語るものである」と指摘する。

　このような状況に対応するために，平成20年度（2008年,

2012 年実施）に『中学校指導要領』が，翌年の平成 21 年（2009
年，2013 年実施）に『高等学校学習指導要領』が改訂されて現在
に至っている。永井典子（2015）は中学校の指導要領の改訂につ
いて，特に文法教育について詳細に検討し，「現行指導要領の改
革のポイントの 1 つは，文法教育の明確な位置づけと在り方だ
と言っても過言ではない」と述べ，文法教育の位置づけ，在り方
を明確にした点では非常に示唆的であると評価する。文法教育で
何を目指すかを明らかにするために，旧要領で使用されていた
「文型」が「文構造」と改められ，その理由が「文型」という型に
よって分類するような指導に陥らないように配慮し，文の構造自
体に目を向けることを意図していることにあるという。しかしな
がら，一方では，「文型」を「文構造」に改めたにもかかわらず，
その解説においては従来の「文型」にとらわれたままの説明にと
どまっていること，学習者に英語の構造に着目させるという指導
要領改訂の目的を達成するために解決すべき問題点が，従来の
「文型」に見られた時と同様に，そのままの残っていると指摘す
る。（同様の問題に関してはさらに有働眞理子（2012）を参照）

　2015 年度の中学・高校の英語学力試験の結果によれば，小学
校 5 年生以上で「外国語学習」が必須になった現行制度の 1 期生
である中学生の 7 割が英語検定 3 級の力に達していないという
（2016 年 2 月 3 日『毎日新聞』朝刊）。これが現状である。

4．5 文型の位置

　安井稔（1988）は 5 文型について次のように述べている。「い
わゆる 5 文型という考え方が，わが国ほど広く行き渡っている

124 第Ⅱ部 文型と構文

国は，世界中どこにもないと思われる．その最も大きな原因は，文科省の検定制度にあるように思われるが，同時に，それが現場で広く受け容れられてきたのは，5文型という考え方が与える見かけ上の簡単さに原因があるように思われる．つまり，5種類の文型さえ与えられるならば，無限にある英語の文を，すべて，過不足なく，それらのどれかに分類できる，という錯覚を与えるのである．これは，明らかに間違いである。」

　5文型の概念は，海外の文法書にも散見され，専門書の Quirk et al.（1985）や入門書にも見られるが，日本におけるほど頻繁に使用されていないことは事実である。日本で広く行き渡った理由は，その簡潔さよりもむしろ文部省の指導要領の説明に取り入れられたことが最大の理由であると考えられる。池上嘉彦(1995)は「「五文型」の考え方に即して教科書が編集されていないと十分な採択が望めないと多くの教科書会社は考えているようである」とまで述べている。5文型は1958年に第2回中学校指導要領において採用されるが，指導要領の記述に5文型が採用されたとなれば，その英語教育現場に対する影響は計り知れない。

5. 5文型は発話型ではない

5.1. 5文型の概念

　5文型について論じる際に最も重要なことは，文型の規定に統語範疇（品詞）ではなく，主語，目的語，補語などの機能範疇が用いられていることである。機能範疇とは要素が文中で果たす意味役割であり，生成文法では統語構造から派生的に決定される概念であるとされる。したがって，機能範疇による分析は統語範疇

による分析を前提としている（学習上の統語範疇の重要性については
中村捷 (2012) を参照）。

　我々が文構造を解析するとき，機能範疇を直接的に見ることは
できない。表面構造の要素の連続を統語範疇の連続として分析
し，その結果に基づいて文の要素の役割（機能範疇）を理解する。
したがって，機能範疇による 5 文型の情報は，統語範疇による
分析が終わった後の段階で得られる抽象度の高い情報であること
になる。したがって，機能範疇によって規定されている 5 文型
を活用するためには，機能範疇と統語範疇との関係をいわば再整
理しながら使用する必要がある。そして，もし機能範疇と統語範
疇の関係が一対一の単純な関係であるならば問題は生じないが，
後で見るように，1 つの機能範疇に対して複数の統語要素が対応
するので（たとえば，O は名詞句，不定詞，that 節を含む），こ
の対応関係は実際にはかなり複雑なものとなる。したがって，5
文型はその表面上の簡潔さとは裏腹に，運用する側（学習者）か
ら見るとかなり複雑な規則であることになる。

　我々が文解析を行う際に統語範疇を手がかりとしていること
は，いわゆる袋小路文（garden path sentence）が統語範疇の混
乱から生じるものであることから窺うことができる。

(1) a. The old man the boat.

　　b. The horse raced past the barn fell.

(1a) が袋小路文になるのは，the old man を頻出する determin-
er-adjective-noun の統語パタンとして分析するからである。
((1a) では the old が主語で，man は動詞で「船に船員を乗り込
ませる」の意味) (1b) は raced が自動詞の過去形と他動詞の過

去分詞形で同形であることから生じる混乱による袋小路文である。読み手は raced を過去形と見なして the horse raced past the barn を文として分析するが，その後に fell があるので文解析が破綻する。そこで解析をやり直して The horse (that was) raced past the barn fell. のように再解析するのである。

一方，機能範疇に基づいた袋小路の現象は知られていない。文を機能範疇によって分析するのであれば，次の文でも袋小路現象が起こってもよいはずであるが，そのようなことは生じない。

(2)　John thought them honest people.
　　　 S　　　V　　 O　 C

機能範疇による文解析では，この文を S＋V＋O＋C と分析し，honest のところで袋小路に陥るはずである。しかし実際にはそのようなことはなく，NP-V-NP-NP として自然に解析される。

このように，我々は表面上明示的である統語形式を手がかりとして文解析を行うのであって機能範疇を手がかりにしているのではない。そうだとすると，文の基本形は統語範疇によって提示すべきであって，機能範疇による文型の提示は学習の観点から見て甚だ不具合であることになる。

5.2.　解釈型と発話型

5 文型は文の成分を機能の面から捉えたものであり解釈的である。これに対して，統語範疇による文型は生成的で発話型である。

Onions の 5 文型は与えられた文の分析を目的としたものであって，その分析を機能範疇を用いて行う。したがって，本来解

釈的性質を持っている。これに対して，統語範疇による方法は，文型を名詞，形容詞，that 節，不定詞などの統語形式によって規定する。その文型に従って要素を配置すれば文を生成することができる。したがって，本来生成的であり発話型である。統語範疇による文型の一例として Hornby の動詞パタン（Verb Pattern）があるが，その源流となっているパーマーの文型の概念はオーラル・メソッド（Oral Method）の一環として発話の型として提示されたものであることを思い出してもよい。

　2つの文型の考え方にはこのような根本的な違いがあるが，その違いが学習面に対しても異なる重要な影響を与える。

　機能範疇による文型は，文の構成要素が分かっていて，その要素に機能範疇を割り振るものであるから，本来解釈的であって生成的ではない。すでに英語をよく知っている人が文を解析し整理するのには役に立つ。英語を知っている人の側に立つ分析方法であるといってもよい。たとえば，英文法の筆者にとっては，名詞，that 節，不定詞を一括して O として表すことができるので（見た目の）一般化を表すことができ，「英語の文型のまとめ」として用いるのには好都合である。また，指導要領において「主語＋動詞＋目的語の文型のうち，目的語が if あるいは whether で始まる節である場合」のように，文型を提示してその一部を段階的に分割して指定するのには好都合である。しかし学習者の面から見ると，きわめて活用しにくいものである。というのも，S＋V＋O の O は単に名詞を指すのではなくて，名詞も不定詞も that 節も指すので，S＋V＋O の文型を習得しても直ちにこれを活用して発話を行うことはできないからである。

　これに対して，統語範疇による文型は，そもそも発話の型を学

128　第Ⅱ部　文型と構文

習するために提示されたもの，つまり文を生成するという観点から提示されたものである。したがって，その文型を知っていればそれを基にして新しい文を作ることができる。

　2つの文型のこのような性質の違いが明らかになると，現在の指導要領が目指している発話を中心とするコミュニケーションを目的とする英語教育にとっては，どちらの文型を用いるのがより効果的かはすでに明らかであろう。現行の指導要領で採用されている機能範疇による文型は不適切であって，統語範疇による文型の提示が求められる。かつて Pattern practice という訓練方法があったが（そしていまでも適切な用い方をすればよい練習法となる），この訓練は機能範疇によって文型を学ぶものではなくて統語範疇に基づく語順の学習訓練であったことを思い出すべきである。

　具体例として第3文型 S + V + O を見よう。O には次の要素が含まれる。

　　O = 名詞，代名詞，不定詞，動名詞，名詞句（how to write），

　　　　名詞節（that 節，疑問節）（江川泰一郎（1964），126 節）

学習者が S + V + O の文型を学習し，O に含まれる要素を学習すると，次の文をすべて S + V + O と分析することができる。

　（3）a.　I admire your punctuality.　　　　　　（V + 名詞）

　　　　b. *I admire that you are punctual.　　　　（V + that 節）

　（4）a.　I tried to move the heavy sofa.　　　　　（V + 不定詞）

　　　　b. *I tried that I would move the heavy sofa. (V + that 節)

　（5）a.　I think that you are wrong.　　　　　　（V + that 節）

b. *I think your being wrong.　　　　　（V＋動名詞）

　これらの文の動詞の直後の要素はすべて上記の O に含まれるので，これらの文は S＋V＋O として分析される。しかし S＋V＋O の文型と O に含まれる要素の知識からでは，正しい文とそうでない文の区別をすることはできない。この事実は，機能範疇の文型による分析は，すでに与えられている文に対して機能範疇による分析を与える解釈的方法であることを示している。これらの文の区別をするためには，admire は目的語に名詞をとるが that 節はとらないこと，try は不定詞をとるが that 節はとらないこと，think は that 節をとるが動名詞はとらないことを知らなければならない。これらの情報はどのみち学習者が学ばねばならない必須情報である。そしてこの情報を学習者が習得すれば，S＋V＋O の文型はもはや無意味である。

　もう少し複雑な例として want を考えてみよう。この動詞は S＋V＋O の文型をとるが，O は単なる O ではなく，O_{S+V} をとるとされる（江川 (1964, 1991)，Quirk et al. (1985)）。そうだとして，学習者が want が S＋V＋O_{S+V} の文型をとることを学習したとしても正しい文を作ることができるわけではない。次のような正しくない文を作り出してしまう可能性がある。

（6）a. *I want John will come.

　　　　　　　　　　（want＋O_{S+V}（＝that 節））

　　b. *I want John('s) coming home.

　　　　　　　　　　（want＋O_{S+V}（＝動名詞節））

　　c. *I want John coming soon.

　　　　　　　　　　（want＋O_{S+V}（＝分詞節））

130 第Ⅱ部 文型と構文

一方，学習者はどのみち want が want + NP + to 不定詞の構造を
もつことを学習しなければならず，一度これを学習すれば S + V
+ O$_{S+V}$ の文型はもはやまったく無用である。

これに対して，統語範疇を用いた文型はどうであろうか。英語
の動詞が補部（動詞が必要とする要素）を 1 つ必要とする場合，
その要素は名詞句と前置詞句と節の 3 つだけである。これを統
語範疇の文型で表すと (7) であり，該当する例が (8) である。

(7)　NP + V + NP / PP / Clause

　　　　　　　　　(Clause = that 節 / 不定詞節 / 動名詞節)

(8) a.　John likes apples.　　　　　　(V + 名詞句)

　　b.　John talked about the politics.　(V + 前置詞句)

　　c.　He thinks that Mary is wise.　　(V + that 節)

　　d.　He tried to move the piano.　　(V + 不定詞節)

　　e.　The soldiers stopped marching.　(V + 動名詞節)

それぞれの動詞は，like が名詞句を，talk が前置詞句を，think
が that 節を，try が不定詞節を，stop が動名詞節をとるという
情報をもっている。この情報はどのような文型を用いるにしても
学習しなければならない。そして，各動詞がもつこの情報と文型
(7) が与えられると，学習者は (8) の文を作り出すことができ，
talk や try が that 節をとる文とか stop が不定詞をとるような正
しくない文を作り出すことはない。そして英語の基本語順として
(7) の型を学習すると，もはや S + V + O の文型も O が何を指
すかの指定も必要とされない。

同様のことが第 2 文型 S + V + C にも当てはまる。この文型は
きわめて簡潔なように見えるが，C の内容は実に多様である。

C＝名詞，代名詞，形容詞，副詞，不定詞，分詞，動名詞，
　句（前置詞句），節（江川泰一郎（1964），128 節）

学習者が第 2 文型を学習し C の内容を覚えたとしよう。そして
この文型には become が属すると教えられたとしよう。これを
もとに学習者は (9) ばかりでなく (10) も S＋V＋C と分析する。
というのは，C には that 節も前置詞句も含まれているからであ
る。

(9) a.　James has become a famous soldier.
　　 b.　Finally the truth became known to us.
(10) a.　*The fact became that John failed in business.
　　 b. *The result became of great importance.

(9) と (10) を区別するためには，become は補語として名詞あ
るいは形容詞しか許さないことを学習しなければならない。そし
てこの事実を学習すると，become が S＋V＋C の文型に属する
とか，動詞の後にくる要素が「補語」であるという情報は学習上
もはや必要ではない。（ただし「補語」の概念は動詞の意味を説
明する上では便利ではある。）

　もう 1 つの例として第 4 文型 S＋V＋IO＋DO を見よう。IO
＝名詞，DO＝名詞のような単純な関係であれば問題は生じない
が，そうではない。江川泰一郎（1964: 189 節）は，S＋V＋O＋
infinitive を 5 文型の中で処理するとすれば，(11) は第 4 文型に
属し，不定詞は直接目的語（DO）であると述べている（Quirk et
al. (1985) も同様）。

132 第Ⅱ部 文型と構文

(11) a. We asked him to come again. (S + V + IO + DO)

b. I taught them to swim.　　　(S + V + IO + DO)

(12) a. I told them to keep quiet.

= I told them that they should be quiet.

b. I warned him to be more punctual.

= I warned him that he should be more punctual.

(12) に見るように不定詞を that 節に換えることもできるので，第 4 文型の DO は名詞ばかりでなく不定詞や that 節も含むことになる。そうすると，この文型に属する offer, allocate などの典型的な二重目的語動詞が，次のような不適格な構造をとる場合にも正しい第 4 文型の文として分析してしまう。これらの文は，意味上不適格な点はないので，機能範疇による分析では排除できない。

(13) a. *He offered her to carry her package.

b. *They allocated him to clean the bathroom.

一方，統語範疇による文型ではこれらの動詞は V + NP + NP の文型にしか現れない。

5.3.　5 文型の記述上の欠陥

　従来の 5 文型には記述的不備も見られる。きわめて基本な文型であるにもかかわらず 5 文型から漏れている構文がある.

(14)　His argument relies upon your opinion. （SVA）

(15)　He put his hand over the receiver.　　（SVOA）

（14）は V＋PP の構造である。前置詞句は動詞の補部であって修飾語ではないので第 1 文型ではないし，補語（C）でもないので第 2 文型でもない．V＋PP の型を認める必要がある．（15）の put は目的語と場所を表す要素を義務的に必要とするが，この文型は 5 文型のどれにも属さない V＋NP＋PP の構造をしている。これらの不備はよく知られていて，Quirk et al.（1985）ではこのような文を扱うために機能範疇として Adverbial（＝A）を設定する。これは副詞などの修飾要素に適用される機能範疇である。これによって，5 文型が 7 文型に拡張される。

　しかしながら，これでもまだ十分ではなく，次の文はこれらの 7 文型のいずれにも属さない。

(16)　The housemaid said to me that the son-in-law was coming down for Easter.

(17)　I waited for John to come out of the house.

that 節をとる動詞には，explain, indicate, propose, say, suggest などの基本動詞が含まれる。不定詞をとる動詞には，appeal to, call on, count on, depend on, look to, plead with, rely on, shout to/at, wait for などの基本動詞が含まれる。

　この文型の成り立ちを見よう。

(18) a.　John said [something] to Mary.

　　 b.　John said to Mary [that he wanted strong coffee].

say のとる基本型は（18a）の say A to B である。（18b）では（18a）の something の代わりに節が用いられていて，say [that he wanted strong coffee] to Mary となるはずであるが，重い要

素は文末に移動するという原則に従って that 節が文末に移動する。したがって，この型は say A to B から派生した型である。しかしこの V-PP-Clause の文型はすでに固定しているし，この文型に現れる動詞はすべて基本動詞である。したがって，このような基本動詞の型が欠けている 5 文型は記述上不備であることになる。

　もう 1 つの問題として，5 文型に基づく指導要領では，5 文型に入らない文型はそもそも文法事項として取り扱われないという問題がある。上記のような基本文型を文法事項として扱う場所がないことになってしまう。学習文法に必要な基本事項の欠落であると言わざるを得ない。

6.　結語

　従来の Onions の機能範疇による 5 文型は解釈的であるのに対して，統語範疇による文型は生成的で発話型であることを指摘した。現在の指導要領において，発話を中心とするオーラルコミュニケーションを目標の 1 つとしているが，そうであれば従来の 5 文型は破棄して，統語範疇に基づく文型の説明を取り入れるのがよいことを論じた。なお，統語範疇による文型の具体的提示については，拙著（中村 (2017, 2018)）を参照していただきたい。

参考文献

Cooper, A. J. and E. A. Sonnenschein (1889) *An English Grammar for Schools Based on the Principles and Requirements of the Grammatical Society. Part II: Analysis and Syntax*, 2nd ed., Swan Sonnenschein, London.

江川泰一郎 (1964, 1991)『英文法解説』金子書房，東京．

藤田耕司・松本マスミ・児玉一宏・谷口一美（編）(2012)『最新言語理論を英語教育に活用する』開拓社，東京．

長谷川信子（編）(2015)『日本の英語教育の今，そして，これから』開拓社，東京．

細江逸記 (1917)『英文法汎論』文会堂，東京．

池上嘉彦 (1995)『「英文法」を考える──「文法」と「コミュニケーション」の間』筑摩書房，東京．

伊藤裕道 (1993)「日本における「5文型」形成の再検討──ネスフィールド・齋藤秀三郎の再評価──」『英語文学論集』第15号，日本大学大学院英語英文学研究室，63-82.

川嶋正士 (2015)『「5文型」論考──Parallel Grammar Series, Part II の検証』朝日出版社，東京．

宮脇正孝 (2012)「5文型の源流を遡る──C. T. Onions, *An Advanced English Syntax* (1904) を越えて」『専修人文論集』90, 437-465.

永井典子 (2015)「『中学校指導要領』の検討　新たな英語文法教育を目指して」長谷川信子（編），356-377.

中村捷 (2012)「句構造の重要性」『最新言語理論を英語教育に活用する』，藤田耕司・松本マスミ・児玉一宏・谷口一美（編），2-11，開拓社，東京

中村捷（編著）(2016)『名著に学ぶ　これからの英語教育と教授法・外山正一・岡倉由三郎・O. イェスペルセン・H. スウィート』開拓社，東京．

中村捷 (2017)『実例解説英文法』（第3刷）開拓社，東京．

中村捷 (2018)『発話型英文法の教え方・学び方』開拓社，東京．

小笠原林樹 (1993)「英文法教科書が自由化に至った事情」『現代英語教

育』第 30 号第 8 巻，研究社，東京.

Onions, C. T. (1904) *An Advanced English Syntax Based on the Principles and Requirements of the Grammatical Society*, Swan Sonnenschein, London.

Quirk, R., S. Greenbaum, G. N. Leech and J. Svartvik (1985) *A Comprehensive Grammar of the English Language*, Longman, London.

齋藤秀三郎 (1898–1899) *Practical English Grammar, Volumes I-IV*, Kobunsha, Tokyo.［中村捷（訳述）(2015)『実用英文典』開拓社，東京.］

有働眞理子 (2012)「言語学の知見を学校英語教育に活用するということ」『最新言語理論を英語教育に活用する』，藤田耕司・松本マスミ・児玉一宏・谷口一美（編），24–33，開拓社，東京.

安井稔 (1988)『英語学と英語教育』（現代の英語学シリーズ 10），開拓社，東京.

第 9 章

自動詞から他動詞へ

—他動詞文の構造パターンを利用して—*

大庭　幸男

（関西外国語大学）

1.　はじめに

　英文を的確に読み書きするためには，その構造を正しく把握することが重要である。英文から修飾語句を取り除き，必須要素（主語（S），動詞（V），目的語（O），補語（C））だけにすると，次のような構造にまとめられる。

(1)　a.　S + V: Birds fly.

　　 b.　S + V + C: I am happy.

　　 c.　S + V + O: I played tennis.

　　 d.　S + V + O + O: I gave her a present.

　　 e.　S + V + O + C: I call him John.

(*Crown* (2016: 175))[1]

　＊ 本稿の執筆にあたり，編集委員より貴重なコメントをいただいた。また，新里眞男氏より資料の提供をいただいた。記して感謝の意を表したい。

　[1] この表記は *Crown English Communication I* (2016) の 175 頁に（1）が

137

138 第Ⅱ部 文型と構文

（1a, b）と（1c-e）に生じる動詞はそれぞれ自動詞と他動詞である。自動詞と他動詞の違いは目的語の有無にあり，それは当然ながら文の意味にも反映される。たとえば，（1a）と（1c）の基本構造を有する（2）のような例を考えてみよう。

(2) a.　John climbed up the mountain.　(S + V)
　　b.　John climbed the mountain.　　(S + V + O)

（2b）は「山頂まで（山全体を）登った」ことを意味するが，（2a）にはそのような意味はない。したがって，（2b）のような他動詞の目的語は，動詞の表す行為に「全体的な影響」を受けるものと解釈される。

また，目的語の有無は動詞による「直接的な影響」においても違いがみられる。たとえば，（3）のような例を考えてみよう。

(3) a.　Susan kicked at Tom.　(S + V)
　　b.　Susan kicked Tom.　　(S + V + O)

（3b）は「Susan の蹴る行為が Tom に直接的な影響を与えた」ことを意味する。しかし，（3a）にはそのような影響はない。したがって，（3b）のような他動詞の目的語は，動詞の表す行為に「直接的な影響」を受けるものと解釈される。

さらに，（1c）と（1d）のような基本構造をもつ文でも目的語に何が来るかによって意味が異なる。たとえば，（4a, b）の動詞 send は他動詞であるが，この 2 つの文には意味の違いがある。

記載されていることを示す。以下，同様に表記する。

第9章　自動詞から他動詞へ　　139

(4) a.　John sent a letter to Mary.　(S + V + O)

　　b.　John sent Mary a letter.　　(S + V + O + O)

すなわち，動詞に隣接する目的語が「人」である (4b) は，その人が「手紙を受けとった」という意味になる。一方，目的語が「もの」である (4a) には，そのような意味はない。

　ここで，(1e) に関連して (5) を考えてみよう。

(5) a.　The work <u>made him tired</u>.　(S + V + O + C)

　　　　　　　　　　　　　　　　　　　(New Stream (2016: 15))

　　b.　He walked very quietly to the door, <u>pushed it open</u>, and jumped in!　(S + V + O)

　　　　　　　　　　　　　　　　　　　(New Favorite (2013: 58))

　　c.　In traditional brain operations, doctors <u>cut a large area of the patient's skull open</u>, and that brings serious risk to the patient.[2]　(S + V + O)

　　　　　　　　　　　　　　　　　　　(Landmark (2015: 76))

　　d.　A project to <u>transform Mars into a planet like Earth</u> has just begun.　(S + V + O)　　*(Crown* (2013: 66))

　　e.　Robin's mother <u>turned the flower garden into a vegetable field</u>.　(S + V + O)　　*(Genius* (2016: 51))

　(5a) の構造は (1e) と同じであり，補語の形容詞 tired は (1e) の補語の John と同様に省略できない。その意味で，(5a)，(1e)

───────────

　2　教科書では cut open a large part area of the patient's skull となっているが，ここでは (5a) に合わせて open を a large part area of the patient's skull の後に移動している。

140　第Ⅱ部　文型と構文

の動詞 make や call は不完全他動詞と呼ばれる。しかし，(5b)，(5c) の下線部の形容詞 open は省略できる。したがって，これらの文の構造は (1c) である。同様に，(5d)，(5e) の下線部の構造も (1c) である。しかし，(5) のすべての文は「主語がある行為を行った結果，目的語がその影響を受けてある結果状態に至った」という意味的な特徴をもっている。たとえば，(5a) は「仕事をして疲れる」ことを表す。(5b) は「ドアを押して，それが開く」ことを表す。(5c) は「頭蓋骨を大きく切断して，それが開く」ことを表す。(5d) は「火星を変えて，それが地球のような惑星になる」ことを表す。(5e) は「花畑を変えて，それが野菜畑になる」ことを表す。そして，(5a-c) の形容詞や (5d)，(5e) の前置詞句は動詞の行為によって影響を受けた目的語の結果状態を表している。そのために，これらの形容詞，前置詞句は「結果述語」と呼ばれる。

　本稿の目的は，自動詞が他動詞化する事例，具体的には，自動詞が (1c) のような構造や (5) のような文に生じる事例を考察し，その意味統語的な特徴を明らかにして，授業でのより効果的な教授法を示したい。

　本稿の構成は次の通りである。2 節では，自動詞が他動詞化する事例を提示する。3 節では，動詞の種類と性質について考察する。4 節と 5 節では，2 節で指摘した事例の生成方法について論じる。そして 6 節では，本稿の議論を総括し，この種の事例のより効果的な教授法を提示する。

2. 自動詞の他動詞化

1節で述べたように，英語の（1）のような基本構造にはたいへん興味深いことが観察される。ここで注意すべきことは，英語の基本構造に生じる自動詞や他動詞は，固定している訳ではないことである。

そこで，（1a）に生じる自動詞が他動詞として用いられる場合を考えてみよう。具体的には2つの場合がある。1つは，この種の動詞が他動詞の構造（1c）に用いられる場合である。たとえば，live, smile, die などの自動詞を考えると，これらの動詞の後には副詞かあるいは前置詞句が生じるが，名詞句は生じない。

(6) a. He lived {luxuriously/in the country/*a large city}.

b. Bill smiled {happily/with relief/*his sadness}.

c. She died {peacefully/in this village/*his grandfather's hometown}.

しかし，これには（7）のように例外がある。

(7) a. Rita's now well enough to live a normal life.

(Genius (2016: 51))

b. He smiled a happy smile, and said that they had some very large ones. *(Crown* (2016: 51))

c. Many of those injured by mines die a slow death.

(Crown (2017: 121))

(7) では，自動詞 live, smile, die の後のいわゆる目的語の位置に名詞句が生じている。これは自動詞が他動詞の構造（1c）とし

142　第Ⅱ部　文型と構文

て用いられていることを示している。なお，これらの名詞句の中心となる名詞は動詞と語彙的にも意味的にも関連している。したがって，このような目的語（a normal life や a happy smile や a slow death）とこれらの目的語を伴う文は，それぞれ同族目的語と同族目的語構文と呼ばれている。[3] 本稿でも，説明の便宜上，これらの用語を用いることにする。

　もう1つは，(1a) に生じる自動詞が (5) のような他動詞を伴う文に用いられる場合である。たとえば，shout, laugh, walk, cry などの動詞の後には，(6) と同様に，副詞かあるいは前置詞句が生じるが，名詞句は生じない。

(8) a. Tom shouted {loudly/with joy/*the waiter}.

　　b. John laughed {silently/at Mary/*her jokes}.

　　c. Sue walked {slowly/with a stick/*the park}.

　　d. Mary cried {wildly/in astonishment/*his pain}.

しかし，これにも例外があり，(9) のように自動詞の後に名詞句が生じる場合がある。

(9) a. I shouted myself hoarse.

　　b. Don't let anyone laugh you out of your dream.

　　　　　　　　　　　　　　　　　　　　　　　(*Crown* (2016: 92))

　　c. Alia looks up at the library, and Anis walks her to her car.　　　　　　　　　　　　　(*Genius* (2016: 193))

　　d. The baby cried itself to sleep.

─────────
[3] 『ロイヤル英文法』(2016) の pp. 394–395 を参照。

第9章　自動詞から他動詞へ　　143

((a, d)：『ロイヤル英文法』(2016: 192))

(9a) は「叫んで声がかれる」ことを表す。(9b) は「笑って夢から覚める」ことを表す。(9c) は「歩いて車の所までいく」ことを表す。そして，(9d) は「泣いて寝入る」ことを表す。すなわち，(9) は「主語がある行為を行った結果，目的語がその影響を受けてある結果状態に至った」ことを表している。この意味的な特徴は (5) と共通している。これは shout, laugh, walk, cry などの自動詞が (5) のような他動詞を伴う文に用いられていることを示している。

　ここで問題となるのは，(7) と (9) のような文に生じる動詞が，本来自動詞であるにも関わらず，その後に名詞句を従えているのはなぜかということである。この問題を解決するには，自動詞の種類と性質を知る必要がある。そこで，次節ではそれについて考察する。

3.　動詞の種類と性質

　周知の通り，動詞は他動詞と自動詞に分類することができ，自動詞はさらに (10) の非能格動詞と (11) の非対格動詞に分類できる。

(10)　非能格動詞[4]

　　a.　意図的ないし意志的行為を表す動詞

　　　bow, climb, cry, dance, die, fly, kick, laugh,

---

[4] 本稿では，非能格動詞を (10a) に限定して議論する。

144   第Ⅱ部　文型と構文

> live, play, run, shout, sigh, sleep, smile,
> speak, swim, talk, walk, work, etc.

b.　非意図的な生理現象を表す動詞

> breathe, cough, hiccough, sneeze, etc.

(11)　非対格動詞

a.　存在，出現，消滅を表す動詞

> appear, arrive, ensue, exist, happen, occur,
> result, show up, turn up, vanish, etc.

b.　物を主語にとり，かつ変化を表す動詞

> accumulate, break, burst, drop, float, freeze,
> grow, increase, melt, open, roll, sink, etc.

c.　相を表す動詞

> approach, begin, continue, start, stop, etc.

d.　音，光，臭いなどを発生することを表す動詞

> crackle, glitter, shine, smell, sparkle, etc.

　このように自動詞が非能格動詞と非対格動詞に分類される理由は，これら2つの動詞に次のような違いがあるからである。まず，自動詞を伴う受動文には，非能格動詞が生じるが，非対格動詞は生じない。

(12)　非能格動詞

a.　The bed was slept in by the Shah.

b.　This hall has been played in by some of the finest
orchestras in Europe.　　　(Macfarland (1995: 192))

(13)　非対格動詞

a. *The package was accumulated on by dust.

b. *The room was burst in by the bubble.

(Macfarland (1995: 192))

また，er 名詞表現と形容受動分詞の可能性に関してもこの2種類の動詞に違いがある。すなわち，er 名詞表現には，非能格動詞が生じるが，非対格動詞は生じない。一方，形容受動分詞には，非能格動詞はなれないが，非対格動詞がなれる。

(14)　非能格動詞

    a.　laugher

    b. *a hard-worked lawyer

(15)　非対格動詞

    a. *happener

    b.　a recently appeared book

((14), (15): Macfarland (1995: 193–196))

ここで注目すべきことは，非対格動詞に関して (16) のような非対格仮説が仮定されていることである。

(16)　非対格仮説

    非対格動詞の主語はもともと直接目的語として基底生成され，統語的に主語に格上げされる。

(16) によれば，たとえば，非対格動詞 grow を伴う (17a) のような文は，(17b) のような基底構造から tomatoes が空白の主語位置 (○印) に移動して派生される。[5]

---

[5] 文の構造的な位置に空白部分がある場合には，今後，(17b) のように ○印で表すことにする。

(17) a. Tomatoes grow.
   b.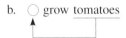

　この非対格仮説には、次のような興味深い点がある。たとえば、動詞 appear は (18a, b) のような文に生じるが、非対格仮説によりこの事実は簡単に説明できる。

(18) a. A bus appeared around the corner.
   b. There appeared a bus around the corner.

すなわち、appear は非対格動詞であるので、非対格仮説によれば、(18a, b) の基底構造は (19) となる。

(19) ◯ appeared a bus around the corner

(18a) は、この構造から a bus が空白の主語位置に移動して派生される。一方 (18b) は、(19) の空いた主語位置に虚辞の there が挿入されて派生される。

　また、動詞 open は、(20a, b) のように自動詞としてだけでなく他動詞としても用いられる。

(20) a. The door opened.
   b. Alan opened the door.

この事実も非対格仮説により簡単に説明できる。すなわち、open は非対格動詞であるので、これらの文の基底構造は (21) のようになる。

(21) ◯ opened the door

この構造から，the door が空白の主語位置に移動すれば，(20a) が派生される。一方，(21) の空いた主語位置に Alan が挿入されると (20b) が派生される。このような考え方の背後には，「英語の文には必ず主語が存在しなければならない」という英語特有の特徴がある。いずれにしろ，非対格仮説によって，open が自他交替動詞であることが簡単に説明できる。

これに対して，非能格動詞の主語は本来の位置（動詞の前の位置）に生じる。これについては 4 節で議論する。

4. 非能格動詞の他動詞化 (1)

自動詞である非能格動詞は (7)（たとえば，(7a) の下線部 live a normal life や (7b) の下線部 smiled a happy smile など）のように他動詞の構造 (1c) に生じることができる。

(7) の特徴は，本来自動詞である非能格動詞の後に同族目的語が生じていることである。[6] したがって，どのような理由でこの種の構文が生じるのかが問題になる。

そこで，この問題を解決するために，他動詞 sing, fight を考

---

[6] 同族目的語は一般的に形容詞が必要であると言われる。

  (i) a. *She {lived a life / smiled a smile}.

    b. She {lived a happy life / smiled a sad smile}.

しかし，British National Corpus には次のような例が観察されるので，同族目的語には形容詞が必須要素であると断言することはできない。

  (ii) a. Of course G.P. has lived a life and has views that would make Mr. Knightley turn in his grave.

    b. Then he turns to the crowd, smiling a smile without humor, speaking loudly.

148 　第Ⅱ部　文型と構文

えてみよう。これらの他動詞は (22) のように目的語にそれぞれ動詞の名詞形 song, fight をとる。

(22) a. He explained about the birds who came to sit on their branch and sing morning songs.

(Mainstream (2016: 162))

　　 b. I have never heard my English teacher singing an English song. *(New One Word* (2016: 87))

　　 c. They owe a lot to Hitomi Kinue, who fought a lonely fight for the rights of women.

(Vivid Reading (2011: 118))

このような他動詞と同族目的語を伴う文は，(23) の構造パターンをもつ。これは他動詞の構造 (1c) の特殊版である。

(23)　主語＋他動詞＋同族目的語

　このことを念頭に入れて，(7) のような文を考えてみよう。この種の文に生じる非能格動詞は「自分の意思で行為を行う」という意味的な特徴をもつ。これは非能格動詞を伴う文の主語が本来の位置，すなわち，動詞の前の位置に生じることを意味する。もちろん，非能格動詞は自動詞であるので，目的語をとることはない。したがって，その位置は空白になっている。

(24)　主語＋非能格動詞＋○

　ここで，(24) の空白部分に注目してみよう。(24) の目的語の位置は空白であるので，他動詞文の構造パターン (23) に合わせて同族目的語を挿入すると，(7) のような同族目的語構文が派生

第9章　自動詞から他動詞へ　　149

される。[7]

(25) a.　Rita lived ◯ normally

　　　b.　Rita lived ◯

↑

a normal life

(26) a.　He smiled ◯ happily

　　　b.　He smiled ◯

↑

a happy smile

ここには，実際に使用されている他動詞文の構造パターン（23）を自動詞（非能格動詞）文の構造（24）に適用して，新たな表現（7）が作られるという「ことばの生産性」の仕組みの一端が見られる。

　これに対して，同じ自動詞である非対格動詞は，（27）のように同族目的語構文をとることができない。その理由はなぜであろうか。

(27) a.　*The comedian appeared an amusing appearance.

(Horita (1995: 231))

　　　b.　*We approached a strange approach.

(Keyser and Roeper (1984: 404))

　非対格仮説によれば，非対格動詞の主語はもともと目的語の位

───────────

　[7]　(25a)，(26a) は同族目的語構文 Rita lived a normal life. He smiled a happy life. の元になると想定される構造を示している。

置にある。

(28) ◯+非対格動詞+目的語

(28) では，(24) と異なり，目的語の位置が埋まっている。したがって，その位置には同族目的語を挿入することができない。その結果，(27) のような文は生成されないことになる。

(29) a. ◯ appeared the comedian

an amusing appearance

b. ◯ approached us

a strange approach

ここで興味深い問題が生じる。それは (7) のような同族目的語構文の非能格動詞が自動詞，他動詞のいずれなのかという問題である。動詞が他動詞であるかどうかは，たとえば，受動態の可否によって検証することができる。ここで，非能格動詞 live, smile を伴った同族目的語構文を見てみると，(30) のように受動態にすることができる。

(30) a. A good life was lived by Susan. (Rice (1988: 210))
b. One of the silliest smiles I've ever seen was smiled by Mary. (Puigdollers (2008: 160))

この事実から，live, smile は本来自動詞（非能格動詞）であるが，同族目的語をとる場合には他動詞であることがわかる。これは，動詞の他動詞性や自動詞性は決まっているのではなく，統語

的な環境に応じて変化するものである，ということを示している。ただし，非能格動詞を伴う同族目的語構文がすべて受動態にできるわけではなく，非能格動詞の die, sigh などを伴う同族目的語構文の受動態は非文法的である。

(31) a. *A gruesome death was died by John.

　　 b. *A weary sigh was sighed by Bill.

したがって，同族目的語をとる非能格動詞がすべて他動詞だと見做すことはできないので，注意が必要である。紙面の都合で詳述できないが，同族目的語構文に生じる動詞の他動詞性は動詞によって程度の差があると考えられる。[8]

5.　非能格動詞の他動詞化 (2)

自動詞である非能格動詞は，(9)（たとえば，(9a) の下線部 shouted myself hoarse や (9b) の下線部 laugh you out of your dream など）のように，他動詞を伴う (5) のような文に生じることができる。

ここで問題になるのは，どのようにして (9) のような文が生じるのかということである。その問題を解決するために，(5) のような例を見てみよう。(5)（たとえば，(5b) の下線部 pushed it open や (5d) の下線部 transform Mars into a planet like Earth など）はすべて「主語の行為の影響を受けたことにより，目的語がある結果状態に至った」ことを意味する。したがって，

---

[8] 大庭幸男 (2011, 2017) を参照。

152　第Ⅱ部　文型と構文

これらの文は次のような構造パターンになる。

(32)　主語＋他動詞＋目的語＋結果述語

ここで注目すべきことは，構造パターン (32) の他動詞が目的語に影響を与えるものに限られるということである。したがって，心理動詞の believe や知覚動詞 see などは目的語に影響を与えないので，これらの他動詞を含む文は非文法的になる。

(33) a. *He believed the idea powerful.

　　 b. *Medusa saw the hero into stone.

((33b): Hoekstra (1988: 118))

ちなみに，(33b) の動詞を stare に変更すると，その文は文法的になる。なぜなら，stare は凝視して威嚇することを意味するので，目的語に心理的な影響を与えることができるからである。

(34)　Medusa stared the hero into stone.

また，他動詞文の構造パターン (32) が示しているように，動詞に続く要素は目的語として機能する名詞句でなければならず，前置詞句であってはならない。なぜなら，1 節で述べたように，前置詞句が続く場合，前置詞の目的語は動詞による直接的な影響を受けることはないからである。

(35) a. *John shot at him dead.

　　 b. *The silversmith pounded on the metal flat.

したがって，(35) を文法的な文にするためには，前置詞 at, on を削除し，him, the metal を目的語として機能する名詞句にしな

第9章　自動詞から他動詞へ　　153

ければならない。

(36) a.　John shot him dead.

　　 b.　The silversmith pounded the metal flat.

　このような典型的な目的語の結果状態を示す文を念頭に入れて，(9) や同種の例 (37) を考えてみよう。

(37) a.　Usain Bolt ran his Nikes threadbare.

　　 b.　The professor talked us into stupor.

たとえば (37) を見てみると，動詞 run, talk は 2 節の分類によれば非能格動詞である。したがって，これらの動詞は目的語をとることはできない。

(38) a.　*Usain Bolt ran his Nikes.

　　 b.　*The professor talked us.

しかし，(38) に threadbare, into stupor などの結果述語を追加すると，(37) のように文法的な文となる。

　では，非能格動詞を伴う (9) や (37) のような文が文法的な文として生成されるのはなぜだろうか。そのために，再度，非能格動詞を考えてみよう。この種の動詞を含む文の構造は次のようになる。

(39)　主語＋非能格動詞＋○＋○

つまり (39) では，動詞の後の目的語の位置と結果述語の位置が空いている。ここで，他動詞文の構造パターン (32) と (39) を比較すると，(39) には 2 つの空白の部分があるので，(32) に合

わせてそれらの空白部分にそれぞれ目的語と結果述語を挿入することができる。たとえば，これを非能格動詞 run, talk に適用すると次のようになる。

(40) a. Usain Bolt ran

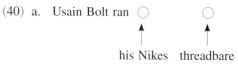

b. The professor talked

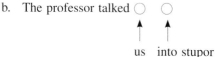

その結果，(37) のような非能格動詞を伴う文が生じる。(9) も同様に派生される。したがって，これらの文は一見すると異質な文に見えるが，他動詞文の構造パターン (32) を自動詞（非能格動詞）文の構造 (39) に当てはめて生成された文であると捉えることができる。

　ここで興味深い問題は，たとえば，(37) のような文の非能格動詞 run, talk は自動詞なのか他動詞なのかということである。4節で述べたように，そのテストになるのが受動態の可否である。そこで，(37) を受動態にすると，(41) のような文法的な文が得られる。

(41) a. Her Nikes was run threadbare.
b. We were talked into stupor.

したがって，同族目的語構文の場合と同様に，run, talk は本来自動詞（非能格動詞）であるが，他動詞文の構造パターン (32) に生じる場合には他動詞になっているといえよう。つまり，動詞

第9章　自動詞から他動詞へ　　155

の自動詞性・他動詞性はもともと決まっているのではなく，統語
的な環境に応じて変化するものといえる。

　最後に，同じ自動詞の非対格動詞が (5) のような例に用いら
れるかどうか考えてみよう。実は，freeze, break などの非対格
動詞は (42) のように (5) のような例に生じる。すなわち，(42)
は「目的語が動詞の影響を受けてある結果状態に至る」ことを表
している。

(42) a.　The water froze solid.

　　 b.　The vase broke into pieces.

　ここで非対格仮説を念頭に入れると，(42) は次のような基底
構造をもつ。

(43) a.　◯ froze the water solid

　　 b.　◯ broke the vase into pieces

この構造は他動詞文の構造パターン (32) に一致する。なぜなら，
(43) の空白の主語位置にたとえば John が入ると (5) と同種の
文が生じるからである。

(44) a.　John froze the water solid

　　 b.　John broke the vase into pieces

　では，(42) は (43) のような構造からどのように派生される
のだろうか。それは，3 節で説明したように，目的語の the wa-
ter, the vase が空白の主語位置に移動して派生された文だと考
えることができる。

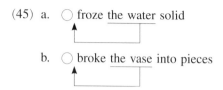

6. 結び

　本稿では，本来自動詞である非能格動詞が目的語を従える事例(7), (9) について考察した。これらの事例には，それぞれ他動詞を伴う表現が存在し，その構造パターンはそれぞれ「主語＋他動詞＋同族目的語」(23) と「主語＋他動詞＋目的語＋結果述語」(32) である。したがって，非能格動詞を伴う上記2つの事例は，これらの他動詞文の構造パターンに一致させて生成されたものと考えることができる。

　このように自動詞（非能格動詞）が他動詞のように目的語を従える事例 (7), (9) は，高校学校の検定教科書に記載されている。しかし，これらは1節に示した基本構造に合致しないので，授業でこの種の文を教える場合，何らかの工夫が必要である。そこで，まず3節で述べた動詞の種類と性質，特に，非能格動詞，非対格動詞，そして可能ならば非対格仮説などを説明し，次に4節，5節で述べた他動詞文の構造パターン (23), (32) を利用してこれらの事例を説明するならば，生徒はこれらの異質な事例の構造と特徴を比較的簡単に理解できるものと思われる。

参考文献

Hoekstra, Teun (1988) "Small Clause Results," *Lingua* 74, 101-139.

Horita, Yuko (1995) "A Cognitive Study of Resultative Constructions in English," *English Linguistics* 12, 147-172.

Keyser, Samuel Jay and Thomas Roeper (1984) "On the Middle and Ergative Constructions in English," *Linguistic Inquiry* 23, 89-125.

Macfarland, Talke (1995) *Cognate Objects and the Argument/Adjunct Distinction in English*, Doctoral dissertation, Northwestern University.

大庭幸男 (2011)『英語構文を探求する』(開拓社 言語・文化選書 23), 開拓社, 東京.

大庭幸男 (2017)「同族目的語とそれを伴う動詞の特性について」『〈不思議〉に満ちたことばの世界』, 高見健一・行田勇・大野英樹 (編), 280-284, 開拓社, 東京.

Puigdollers, Cristina R. (2008) "The Nature of Cognate Objects: A Syntactic Approach," *Proceedings ConSOLE* XVI, 157-178.

Rice, Sally (1988) "Unlikely Lexical Entries," *BLS* 14, 202-212.

参考資料

Crown English Series [II] New Edition (2013), 三省堂.

Crown English Communication I (2016), 三省堂.

Crown English Communication II (2017), 三省堂.

Genius English Communication I (2016), 大修館.

Landmark English Communication I (2015), 啓林館.

Mainstream English Communication I (2016), 増進堂.

New Favorite English Expression II (2013), 増進堂.

New One World Communication I (2016), 教育出版.

New Stream English Communication I (2016), 増進堂.

『ロイヤル英文法』(2016), 旺文社.

Vivid Reading New Edition (2011), 第一学習社.

第 10 章

英語の補部形式と事態の統合について

岡田　禎之

（大阪大学）

1.　はじめに

　英語学を英語教育に活かすというテーマでのエッセイということで，最初に頭に思い浮かんだことを書きたい。それは Givón (1993) がかつて唱えた補部構造のスケール（complementation scale）という考え方を用いて，英語の補部構造を分析するということである。これは (i) 使役動詞や知覚動詞の補部にはなぜ原形不定詞が用いられ，to 不定詞を用いないのか，(ii) 思考動詞や発話動詞の補部はなぜ that 節のような定形節を取って，原形不定詞にならないのかといった問題に対する 1 つの回答を提示することになる。

　Givón (1993) は，(1) のような段階性のある連続体を補部構造のスケール（complementation scale）と呼び，主節と補部に現れる 2 つの動詞が表すそれぞれの出来事が記号上（表記上）より近い位置に置かれると，意味概念的にもそれらの 2 つの出来事がより強く統合されるという相関関係があると考えている。ここ

158

第 10 章　英語の補部形式と事態の統合について　　159

では主節の動詞を下線で，補部の動詞を太字で表す。

(1) a.　John <u>let</u> **go** of Mary.

（語彙的一体化）（co-lexicalization）

b.　John <u>made</u> Mary **go** to the station.

（原形不定詞）（bare infinitive）

c.　John <u>told</u> Mary *to* **go** to the station.

（*to* 不定詞）（*to*-infinitive）

d.　John <u>would like</u> *for* Mary *to* **go** to the station.

（*for*＋*to* 不定詞）（*for*＋*to*-infinitive）

e.　John <u>requested</u> *that* Mary **go** to the station.

（*that*＋原形）（*that*＋bare form）

f.　John <u>suggested</u> *that* Mary *should* **go** to the station.

（*that*＋法助動詞）（*that*＋modal）

g.　John <u>said</u> *that* Mary *had* **gone** to the station.

（*that*＋制限なしの定形節）（*that*＋fully finite clause）

　(1a) では，主節の動詞 let と補部の動詞 go は隣接し，2 つの動詞が単一語彙に匹敵するような密接なつながりを持っている。(1b) では目的語表現が，(1c) ではさらに to が 2 つの動詞の間に入り込み，(1d) ではこれに加えて for が介在している。「提案，要求，主張」などを表す主節動詞の補部 (1e) では再び原形が登場するが，補文標識の that が介在することで，節境界（clause boundary）が明確に存在することを示している。(1f) ではさらに補部に法助動詞が生起し，(1g) では過去完了形が用いられているが，この say の補部の位置には *that* Mary *was going to* **go** to the station のような表現が入ることも可能である。ここには

160 第Ⅱ部 文型と構文

様々な時間関係の表現が登場できるし，主節の動詞と補部の動詞の間には潜在的に多くの表現が介在することができる。

このように2つの動詞間の記号上の距離が大きくなるにつれ，その2つの動詞が表す出来事の間の概念的な関連性も薄まるという考え方は，言語類像性（iconicity）の観点から「近接性の原理（proximity principle）」の1事例と捉えることができる。

(2) 近接性の原理
　　機能的，概念的，認識的に近い関係にある言語的事物は，言語記号レベルにおいても，時空間的に（発話として音声記号になる場合も，筆記内容として文字記号になる場合も）近い位置におかれる。

(Givón（1990: 970）を翻訳)

この考え方を良く示している事例として，補部構造のスケール（complementation scale）について考察していきたい。

2.　時間的近接性と出来事の統合度合い

2.1.　原形不定詞補部から to 不定詞補部へ

まず強制力の強い使役動詞類（make, have, let）を考えると，これらは Karttunen（1971）が含意動詞（implicative verbs）と呼んだグループに属するものである。この動詞類は，主節の事象が成立するとき補部の事象も必ず成立するという関係が保証されている。たとえば（3a）で，John let go of Mary. という出来事が真になるなら，Mary went という出来事も必ず真になる。

第 10 章　英語の補部形式と事態の統合について　　161

(3)　a.　John let go of Mary. → Mary went.

　　　b.　John made Mary do the dishes.

　　　　　→ Mary did the dishes.

　　　c.　John had Mary do the dishes.

　　　　　→ Mary did the dishes.

　　　d.　John let Mary do the dishes.

　　　　　→ Mary did the dishes.

そして，主節の主語である John の働きかけと，補部の動作の主
体である Mary の動作遂行には，時間的なギャップがほとんど
存在しない。John の使役的動作と Mary の動作は，どちらも過
去の同時間帯に行われたものである。この観点からいえば，主節
動詞が過去時制形態でマークされていさえすれば，補部の動詞に
時間情報を与える必要はないともいえる。何ら時間的情報を付加
させずとも，補部の出来事は主節の過去時が指す時間帯において
生じた出来事であることが保証されている。そうであれば，動詞
は原形のままで不都合はなく，これ以上の時間情報を含む動詞形
態をこの補部に用いる必要はないといえる。

　同様のことは，知覚動詞にもいえる。英語において補部に原形
を取る動詞は，使役動詞と知覚動詞の 2 種類といわれる。知覚
する出来事は，知覚行為と完全に同時に起こっている。過去や未
来の出来事を直接知覚することなど，できないからである。する
と，ここでも主節の動詞が時間情報を与えられていさえすれば，
補部の動詞は原形のままで何ら時間情報を与えられなくても良い
ということになる。このとき原形不定詞が選択されることは，言
語経済に適ったものであるといえる。この関係を that 節を用い

162 第Ⅱ部 文型と構文

て表現することも潜在的にはあり得ることで，不可能ではないは
ずであるが，そのような形式を用意することは無駄である。

(4) a. John saw Mary come.
    b. Bill heard Mary cry.[1]

次に to 不定詞を用いる場合を考えると，まず cause/force は
含意動詞であるが，主節の出来事と補部の出来事の間には時間的
なずれが生じることが可能になったり（(5a)），出来事が成就す
るまでに強い抵抗が予想され，必ずしも満足がいく形で補部の事
態が成立するとは限らない（(5b)）。ここでは主節の働きかけと
必ずしも近い時間に補部の出来事が成就するという保証はない。
一方で to 不定詞を取る動詞類の多く（order, tell, ask, want,
expect, etc.）は含意動詞ではなく，そもそも主節の動詞が表す
働きかけが行われたからといって必ずしも補部の出来事が成立す
るとは限らない（(5c)）。

(5) a. John's behavior **two years ago** caused Mary to fi-
       nally quit her job **yesterday**.　　(Givón (1993: 11))
    b. John forced Mary to do the dishes, but it took

---

[1] 知覚動詞の場合，補部動詞として原形不定詞のみならず現在分詞形／過
去分詞形が用いられることもある。

(i) a. John saw Mary crossing the street.
    b. I heard my name called.　　　　　（綿貫ほか (2000: 392-393)）
このときは補部の事象が進行中であったり，受動的事象であったりするのを，
見たり聞いたりしていることになる。ここでは「進行中」という相の情報や
「受動」という態の情報は付加されているが，主節の知覚行為が成立している
時間と「同時」に補部の事象が起こっているという点では原形不定詞の場合と
変わらない。（使役動詞補部に過去分詞が生じる場合も同様。）

hours before she did so.

c. John told Mary to do the dishes.

⤳ Mary did the dishes. （non-implicative）

このタイプでは，時間的なギャップがあり得る。補部動作は主節動作と同時間帯の出来事ではなく，主節の動作からみて補部の事象はそれ以降の未来指向の動作であることが伺える。この関係性は to という前置詞由来の表現を介在させることによって表されているとも考えられる。補部の事態に向けて，それを目標として，主節の働きかけが行われるという事態のとらえ方が，この表現形式に現れていると考えることもできる。（そして目標行為として理解されるなら，必ずしもその行為が成就するとは限らない場合も増えてくるのは当然と考えられる。）

2.2. for 〜 to 不定詞型について

　これまでの事例では，目的語は主動詞の表す出来事の直接的働きかけの対象（つまり，主節主語と目的語で指示される両者は，同じ時間と場面を共有する参与者）であると同時に，補部動詞の意味上の主語であるという 2 つの機能を持ち，主節と補部節の境界は曖昧である。一方で that 節を取るタイプは，主節と従属節が that という補文標識を介在させることによって明確に分断されている。この両者の中間的位置にあるのが，for 〜 to 不定詞型の表現になる。このタイプを取りうる主動詞は少なく，arrange/would like/say などが挙げられる。この場合，主節主語の働きかけはかなり間接的なものになり，補部の意味上の主語と同じ時間，同じ場所に存在する人物であるという保証はなく

164 第Ⅱ部 文型と構文

なる。

(6) a. He arranged for her to be interviewed first.

(Huddleston and Pullum (2002: 1182))

b. She said for you to come at 8:00. (Givón (1993: 33))

たとえば (6a) では，彼と彼女は直接面識がない 2 者であることも充分考えられ，主節と補部の出来事は時間的にも場所的にも重なりの少ない別々の事態である可能性が高くなってくる。for は benefactive（受益者：〜のために）という関係を表し，主節の要素としての機能も持ちつつ，同時に不定詞の意味上の主語を指定するための要素でもあるため，ここに補部節が始まるという境界を設定する要素としても機能している。これまでの事例では，目的語は主節の出来事と補部の出来事に共通する参与者であり，かつ主節主語と時間と場所を共有する参与者であった。しかし，for 〜 to 不定詞型ではこの関係は薄れ，主節主語との関連性は弱くなる。その分だけ，主節と補部節のつながりも弱化しているといえる。

2.3. that 節を取るタイプのなかでの違いについて

先述の通り，that 節を取るタイプは，主節と従属節が that という補文標識を介在させることによって明確に分断されている。従って，主節の出来事と従属節の出来事は明確に別々の出来事として区別することができ，2 つの出来事に共通して関わる参与者も存在しない（たまたま主節主語と補部節の主語が同一人物であることはあり得るが，これは必然的な関係ではない）。これまでの事例では，主節動詞の目的語や前置詞 for の目的語要素が，同

第 10 章　英語の補部形式と事態の統合について　　165

時に補部節の意味上の主語になっていたので，2 つの出来事に共
通して関与する人物が存在している（for 〜 to 不定詞型では「か
ろうじて」ということにはなるが）。この点で 2 つの出来事には
共通性も見いだせるし，関連を認めることができる。一方で，こ
の観点から 2 つの出来事の間の関係性は that 節補部を取る場合
のほうがさらに弱くなる。しかしこのグループ内でも，出来事の
関連性の相対的な強さには差異が認められる。たとえば，補部節
の時間を表すマーキングは，(1) のスケールの下に行くと豊かに
なっていくのである。

(7) a.　John requested that Mary do the dishes.

　　 b.　John requested that Mary should do the dishes.

(8) a.　*John agreed that Mary do the dishes.

　　 b.　John agreed that Mary should do the dishes.

(9) a.　*John said that Mary do the dishes.

　　 b.　John said that Mary should do the dishes.

(Givón (1993: 19) を改変)

　補部の動詞が原形になるのは，(7) の「提案，要求，主張」な
どを表す主動詞の場合に限られるとされている。この動詞群は，
主節の主語が補部の出来事が速やかに成就することを求めている
タイプであるということもできる。現実として出来事は成就して
いないものの，理想的にはタイムラグが少ない形で事態が成立す
ることを望んでいる，ある種の切迫性が認められると思われる。
このとき，補部の動詞自体に時間情報を付加する必要性は少ない
といえる。（もちろん，直接的な使役動詞などに認められるよう
な強い物理的切迫性ではない。主節主語と従属節の主語はそもそ

166 第Ⅱ部 文型と構文

も同じ時間，場所に存在するものとは限らず，両者の間には何らの関係性も認められないかもしれないのであるから。あくまでも主節主語の心理的な切迫性という，客観的にみれば弱いものでしかない。ここでは that 節補部を取るグループ内での相対的な比較の問題と考えたい。)

一方 (8)，(9) のような agree/say などの主動詞の場合，補部の内容は主節の主語が主体的に求めている事態とは限らず，他者の希望であるかもしれない (agree の場合は，他者の意見に同意することを表すので，他者の希望であることが明確である)。このような場合，理想としては補部の事態がもたらされるべきであると主節主語が考えていたとしても，そこには切迫性は感じられない。主節の出来事とのタイムラグがありえることになり，未来志向の表現が補部内容として現れることになる。ちょうど (1b) から (1c) へのシフトにおいて，原形から to 不定詞へと変化していったのと平行するように，ここには should などの限られた助動詞表現が挿入されることになる。このとき主節動詞の制限は緩和され，「提案，要求，主張」以外の動詞でもこのタイプの補部を選択することが可能になる。

(1e) や (1f) では，主節の働きかけが行われる時点において補部の内容は現実としては成就していない。すべて主節の出来事と同時かそれよりもあとに補部の出来事が遂行されることになり，補部の内容は未来指向の出来事に限られている。しかし，認識や発話を表す主動詞は，補部にこれらの出来事しか取らないわけではない。直説法表現では補部要素として様々な時制の表現が登場し，過去のことであれ，未来のことであれ，実現しないと思われる出来事であれ，様々な時間における事態を表現することがで

きる。

(10) a. John {saw/realized/said} that Mary had already come out.

   b. John {saw/realized/said} that it would be a while before Mary came out.

   c. John {saw/realized/said} that Mary would never come out.

(Givón (1993: 15) を改変)

このとき，補部の時間情報に何ら制限はなく，どの時間帯の出来事であっても描き出せるような時制や相の表現を利用できる環境になっている。知覚動詞の see ((4a)) が原形（もしくは分詞）しか取らないという非常に強い制限を受けていたのに対して，認識動詞の see ((10)) は，「分かる，理解する」ということであり，その補部の形式には，どの時間帯の出来事にでも対応できるような時制節形式が用意されている。ここに原形不定詞を置いたのでは，描き出すべき事態のバリエーションに全く対応できない形態でしかないということになる。これは必要に応じた実に合理的な文法形式の対応関係であると見ることができる。

さて，(1) にあった補部構造のスケール (complementation scale) をもう一度上から眺めてみると，最初は主節と補部の動詞が一体化したところから始まり，だんだんと補部の動詞に時間情報が豊かに付けられる形になったり，主節と補部節の間を明確に区分する境界設定の表現が登場するようになったりしていく。最初は 2 つの動詞が同一語彙化され，あたかも 1 つの動詞のようであったものが，それぞれの動詞が別々の時間を表せる形式に

168　第Ⅱ部　文型と構文

整えられていき，ばらけていく。それに伴って2つの動詞の間には様々な要素が介在していき，記号上の距離が大きくなっていく。このように2つの出来事の関係性が弱くなり，ばらけていくにしたがって記号上も離れていくという関係には，言語形式が意味を表すために存在するという密接な意味と形式の対応が見て取れるのである。

3.　補部の主語要素の現れ方

また別の観点から，これまでの現象を見直してみよう。それは，補部の意味上の主語がどのような形態で登場しているかということである。補部構造のスケール（complementation scale）の一番上（1a）では，主節と補部の2つの動詞は一体化している。このために補部の意味上の主語は，この両者の間に介在できずに，斜格要素として外にはじき出されている。この John *let go* of Mary. という形式は，John *approved* of Mary's idea. などと同じように，1つの主語（John）と，1つの斜格要素（of X）の間に保持される1つの動作を表現しているかのようでもある。興味深いのは，この形式になっているとき，let は非常に強い強制的使役関係を表せるということである。

(11) a.　*She **let go** of him *on his own*.

　　 b.　She **let** him **go** *on his own*.

(12) a.　*She **let go** of him *away*.

　　 b.　She **let** him **go** *away*.

(13) a.　She **let go** of him like a sack of potatoes.

第 10 章　英語の補部形式と事態の統合について　　169

　　b.　*She **let** him **go** like a sack of potatoes.

(Givón (1993: 10))

使役動詞の let は make，have などよりも弱い強制力しか持たないというイメージがあるが，(11a)，(12a)，(13a) などで明らかなように，let go の連続で生じると，補部動作 go の主体である「彼」には，全く自由意思を認めることはできない。文主語である「彼女」が一方的に事態をコントロールしており，「彼」はその支配の受け手に過ぎないのである。これは典型的な動作主と被動作主の関係であり，ここには 1 つの事態に参与する 2 者が存在しているだけ，というとらえ方になっているといえる。これに対して let ＋目的語＋原形不定詞になると，むしろ目的語の自由意思が尊重されることになるのが，(11b)，(12b)，(13b) から分かる。目的語の意思が尊重されるということは，目的語が動作の主体としての側面を持つことができるということであり，主語性を若干帯びてくることになる。

(14)　a.　Mary made John quit his job.

　　　b.　?Mary made John lose his job.

　　　c.　Mary made John climb faster.

　　　d.　?Mary made John grow faster.　　(Givón (1993: 9))

一方で，使役動詞 make はとても強い強制的関係を表すと考えられているが，(14) にあるように補部に取る動詞は，状態動詞よりは動作動詞がふさわしいと感じられるようである。このことは，補部の意味上の主語（主節の目的語）に，（実際上ほとんどそれを発揮することができないような強制的な関係に置かれてい

170 第Ⅱ部 文型と構文

るにせよ）多少の動作主性が必要であることを表しているとも考えられる。もしそうならば，make よりも強制力が弱いはずの let が let go のように補部動詞と隣接する形で登場する場合には，むしろ make よりもさらに強い強制的関係を表しているといえるのかもしれない。

　さて，（1a）では斜格要素として文の周辺位置に置かれていただけの補部の主語要素であるが，（1b, c）では主節の目的語という地位を獲得していく。この位置では，まがりなりにも主節の中心的参与者としての地位を得ることとなり，かつ補部の主語として少しずつ意志性を発揮できるようになってくる。make のような強制力の強い動詞ではそれもなかなかままならないが，tell, ask といった主動詞が用いられている場面では，この目的語要素の意志を反映させる可能性はかなり大きくなる（実際，含意動詞ではないグループが主節動詞になれば，補部の事態は成就しないこともあるので，補部の意味上の主語が意志を発揮して断るという関係が可能になってくる）。

　次に来るのが for 〜 to 不定詞の形であるが，ここではさらに主節の目的語としての性格は弱まっていく。主節動詞との関係では，斜格要素として登場していることになり，主節内ではさしたる重要な役割を担っている要素ではなくなってくる。一方，補部内では意味上の主語としての地位を明確にできる形式になっており，主語として自由意志をさらに発揮できる環境が整ってきているとも考えられる。

　最終的には that 節補部の形式になり，主節とは完全に独立した定形節を従える文の主語として機能することになり，同時に主節の要素としての性格は一切失われる。このように，補部の意味

上の主語は，虐げられていた地位からどんどん立場を強くしていき，最終的には自らの意志で自由に立ち回ることができる文の主語としての地位を獲得しているのである。主節主語とは異なる別の主語が台頭してくるということは，2つの別々の出来事が存在するということを意味する。斜格要素から目的語，不定詞の主語，そして定形節の主語へと昇格していくことは，補部動詞の主語が本来主語として有るべき形を取り戻していくプロセスと見ることもできるのである。

　そして，このように2つの異なる主体が事態を支配する2つの出来事があるとき，そこにはばらばらな出来事が別々の時間に成立する可能性が高まっていくことになる。そうならば，その潜在的事態の多様性に対応するべく，補部動詞に与えられる時間関係の情報は当然豊かになっていかなければならない。このように，2つの出来事の間の記号上の距離は，それらの出来事の間に認められる様々な関連性の希薄化と連動している。ただ距離ができるということではなく，それが理にかなった情報配列のあり方に合致した記号の介在によって生じているのだということが見て取れるのである。なぜ使役や知覚の動詞が原形不定詞を取り，that 節を従えないのか，認識動詞や発話動詞が原形不定詞を取らないのはどうしてなのか，ということにも一通りの解説を与えることができると思われる。

4.　補部構造のスケール（complementation scale）の最下段

　ここでは（1g）までしか例文を出していないが，このスケールにはさらに下位の部分がある。(1) に関する話の最後として，少

172 第Ⅱ部 文型と構文

しだけそのことを述べておきたい。

(15) a. He's back, **I hear**.

b. It's raining back East, **they say**.

c. She's finished, **I see**.

(16) a. (**I**) **think** she's there.

b. (**Do you**) **think** she'll show up?

c. (**I**) **bet** (**you**) she's gone.

d. (**I**) **guess** you were right.   (Givón (1993: 37-38))

(15) にあるように，発話動詞や認識動詞は挿入節として用いられたり，(16) にあるように，主語が省略されるなどして文の形式を保持しない形でモダリティーを表すためのマーカーとして利用されるという現象が起こる。これは特定の表現形式が繰り返し利用されることによって意味が弱化していき，主節としての形式を保持できなくなっていった結果と見ることもできる。

(1a) では，主節が補部節を取り込んで一体化していた。それから少しずつ補部節が形式を整えていき，主節からは独立した節を形成できるようになっていく。そしてその先には，主従の逆転現象があり，むしろ補部節のほうが中心的な要素と認識され，主節が従属要素化したり，単なる意味修飾要素に格落ちしたりするということが生じている。

このように本来主体であったものが従属要素になり，従属要素であったものが主体の地位を獲得して地位が逆転するといった現象は，助動詞の発達過程などにも認められることである。(たとえば be going to V は，もともと主動詞であった going が物理的な移動を表していた。そこから時間的な移動のみを表すように

意味が希薄化し，補助要素化していき，これに伴って本来従属要素であった不定詞表現が主動詞の地位を獲得していったとされている。最終的には be gonna V といった縮約形が登場することになり，be going to の助動詞化が進んだことが見て取れる (Hopper and Traugott (2003))。このスケールにも同様の言語変化の一端を見ることができるというのは興味深いことである。

5. 高等学校教科書との連動

上記のようなスケールに関する知見は，高等学校の教科書の内容とどのように連動させることができるであろうか。ここで少し検討しておきたい。

たとえば，啓林館 *Revised Vision Quest—English Expression I* (standard) をみると，54 頁に SVO＋to 不定詞，SVO＋原形不定詞の説明が挙げられている。使役動詞と知覚動詞が原形を取るとの解説があり，目的語＋to 不定詞を取る動詞として，want を代表例とした説明が行われている。この 2 つのグループの補部形式の違いについて考えるには，とても良い機会が与えられていると思われる。

102 頁には接続詞 that の説明があり，従属接続詞が名詞節を導く場合の用例が挙げられている。ただし that 節内が原形動詞になる事例については述べられていない。たとえば 54 頁にある不定詞や原形を取るタイプと比較して，know/think/believe などの動詞類が様々な時間帯に生じる出来事を補部に取る可能性があり，その必要性に合致する補部形状を整えていることなどは，実例を加えていくことによって確認することが可能である。

174　　第Ⅱ部　文型と構文

　同 じ く *Revised Vision Quest —English Expression I* (advanced) では，58 頁に SVO＋to 不定詞と SVO＋原形不定詞が登場している。ここでは want＋O＋to do 型は「O に〜して欲しい」，allow＋O＋to do 型は「O に〜させる」，tell＋O＋to do 型は「O に〜するように言う」と説明されている。これらに共通することは，主語の参与者が目的語の参与者に対して直接働きかけているという 2 者間の直接的関係であり，そのことを学習者に意識させることが大切ではないかと思われる。that 節に関しては，101 頁に記載されているが，standard 版と変わるところはない。もし発展的内容として紹介することができるなら，「提案，要求，主張」などの主節動詞につながる補部における原形動詞と，それ以外の主節動詞がとる補部形式の違いなども導入して，使役動詞，知覚動詞類と to 不定詞補部を取る動詞類との平行性について考えてみるなどの検討を行うことも可能かもしれない。

　一方，第一学習社 *Vivid English Expression I* では，to 不定詞の名詞用法や that 節（名詞節）に関する導入が 11 頁で行われた後，40 頁でさらに不定詞の用法の説明が行われている。その後，文法の整理の項目 10（88 頁）で，S＋V (want [ask, tell]) ＋O＋to 不定詞が「O に〜して欲しい［〜するように言う］」の意味を表すこと，89 頁に知覚動詞と使役動詞が原形を取ることが紹介されている。まず that 節補部についての話を詳しく展開するよりも，知覚動詞や使役動詞の補部構造に関する話を行うほうが学習者にとっては理解しやすいと考えられる。したがってこのような配列順序であれば，最後にまとめとして補部構造に関する話を付け加えて，なぜそれぞれの補部がその形式になっているのかということを考察する機会を学習者に持ってもらえれば良いので

はないかと考える。

　各教科書によって導入される内容や，その順番が同じとは限らないので，一様に述べることは難しい。いずれにせよ提示する情報を学習者の状況に応じて取捨選択しながら，最終的にはスケールの全体像が見えるような形にできれば望ましいのではないかと筆者は考える。

6. まとめ

　本稿では，Givón (1993) の補部構造のスケール (complementation scale) の考え方を通じて，英語における補部構造のあり方を概観してみた。使役動詞や知覚動詞は原形不定詞を取る，tell＋目的語＋to 不定詞は「命令」に近い言い方，tell＋that 節は「伝える」という意味に訳せば良い，see は that 節を取ったときには「理解する，分かる」という意味に解釈する。筆者は高校生の時に，これらの項目をばらばらに教えられた記憶がある。しかし，これらのばらばらの事象が，実はつながっているものであり，言語のとても合理的な記号体系システムの一端として立ち現れてくる事柄なのだということが伝えられれば，言語に対する見方にも少しは違ったものが芽生えてくるのではないだろうか。

　使役動詞や知覚動詞は 2 つの出来事の間に時間的なずれが生じないタイプであり，主動詞に時間情報が与えられればよいのに対して，発話動詞や認識動詞は，現在，過去，未来の様々な事象が補部内容として生じる可能性があり，それに対応できる表現形態を整えておく必要がある。また発話動詞や認識動詞の場合よりも主節の補部節要素に対する働きかけがより直接的になり，補部

176　第Ⅱ部　文型と構文

の出来事が生じる時間帯が未来方向に制限されているのであれ
ば，to 不定詞などの表現形態がより相応しいものとなる。これ
らの補部構造に関する話を，折に触れ学習者に伝えられれば良い
のではないだろうか。

参考文献

Givón, Talmy（1990）*Syntax*, Vol. II, John Benjamins, Amsterdam.

Givón, Talmy（1993）*English Grammar*, Vol. II, John Benjamins, Amsterdam.

Hopper, Paul and Elizabeth Traugott（2003）*Grammaticalization*, 2nd ed., Cambridge University Press, Cambridge.

Huddleston, Rodney and Geoffrey Pullum（2002）*The Cambridge Grammar of the English Language*, Cambridge University Press, Cambridge.

Karttunen, Lauri（1971）"Implicative Verbs," *Language* 47(2), 340-358.

綿貫陽・須貝猛敏・宮川幸久・高松尚弘（2000）『ロイヤル英文法 改訂新版』旺文社，東京.

教科書類

Revised Vision Quest English Expression I（standard），（2016）新興出版社啓林館，大阪.

Revised Vision Quest English Expression I（advanced），（2016）新興出版社啓林館，大阪.

Vivid English Expression I,（2012）第一学習社，東京.

第 11 章

他動詞表現と自動詞表現の意味の違い*

高見　健一

（学習院大学）

1.　はじめに

　高校生の頃からずっと疑問に思っていたことが 2 つある。1 つ
は，「ドアを壊す，太郎を褒める」など，格助詞「を」を伴う表現
は，英語では一般に，次の (1a) のように他動詞で表現するのに，
「ドアをノックする」は，どうして前置詞 on や at が必要なのか，
という疑問である。

　(1)　a.　ドアを壊す = break the door

　　　　　太郎を褒める = praise Taro

　　　b.　ドアをノックする ≠ *knock the door

　　　　　　　　　= knock **on/at** the door

---

　　* 本章は，久野暲先生との共同研究（久野・高見 (2017: 第 4 章)) に基づ
いており，多くの時間を割いて議論をして下さった久野暲先生に記して感謝
いたします。また，本章の内容に関して有益なご指摘や提案をいただいた編
者の池内正幸先生に感謝いたします。なお本研究は，平成 29 年度科学研究費
補助金（基盤研究 (C) 課題番号 16K02777) の助成を受けています。

177

178 第Ⅱ部 文型と構文

現在の高校生も，次のような英語教科書（文英堂）の例文に触れ，同様の疑問を抱くことと思われる。

   (2) a. I **knocked on** the door and entered the clubroom.

(Unicorn English Expression 1, p. 15)

        b. I heard someone **knock on** the door.

(Unicorn English Communication 1, p. 108)

        c. Who is that person **knocking on** the door?

(Unicorn English Expression 1, p. 129)

   (3) a. Emily heard someone **knocking at** the door.

（同上，p. 130）

        b. Hi, Mom. Oh, wait a second.　Someone is **knocking at** the door.　　　　　　　　（同上，p. 29）

        c. When I was six years old, the civil rights movement came **knocking at** the door of our house.

(Unicorn English Communication 2, p. 24)

2つ目の疑問は，次のことわざはなぜ catch **at** a straw と，at が入っているのか，というものである。

   (4) A drowning man will catch **at** a straw.

   （溺れる者はワラ<u>を</u>もつかむ）

「ワラ<u>を</u>つかむ」のだから，どうして catch a straw でないのだろうかと思った。

上の2つの疑問は共通しており，他動詞表現と前置詞の at や on を伴う自動詞表現はどのような意味の違いがあるのかという問題に還元できる。高校ではこれに関連して，次の2つがよく

第11章　他動詞表現と自動詞表現の意味の違い　179

とりあげられる（『ジーニアス英和辞典』（第5版，2014）参照）。

(5) a. ［shoot＋名］（弾丸・矢などで）〈人・動物〉を撃つ
《弾丸などが当たり，その結果負傷させたり死なせた
りすることを含む》

b. ［shoot＋at＋名］〔…をねらって〕（銃を）撃つ
《必ずしも命中することを意味しない》

したがって，shoot が他動詞の場合は，撃った弾が対象物に<u>当
たっている</u>が，shoot at の場合は，<u>当たっていないこともある</u>と
覚える高校生が多い。

　しかし，このような shoot と shoot at だけに当てはまる違い
ではなく，上の knock や catch，さらに他の動詞にも当てはま
る一般的な意味の違いはないのだろうか。本章は，英語学での説
明を踏まえ，同一の動詞が他動詞として用いられる場合と前置詞
を伴って自動詞として用いられる場合の一般的な意味の違いを明
らかにする。そしてこの点が英語教育に導入されれば，高校生は
(5) のような個別的違いを覚えなくても，他動詞表現と自動詞表
現の意味の違いを大づかみに理解でき，英語学習がスムーズに進
むことを指摘したい。

2.　「働きかけ構文」の特徴と動詞

　一般に他動詞として用いられる動詞が，at や on をとり，自動
詞として用いられる例は，knock, catch, shoot 以外にも，次の
ように多くある。（このような例が高校生用英語教科書に頻出するわけ
ではないが，いくつかの例に関しては，(2a-c)，(3a-c) および本章第5

180　第Ⅱ部　文型と構文

節を参照。）

  (6) a. He hit **at** me.（私に殴りかかった）

       b. Mary cut **at** the rope.（ロープを切りつけた）

       c. The boy kicked **at** the ball.

          （ボールを目がけて足を振り下ろした）

  (7) a. Jane chewed **at/on** her fingernails.（爪をかんだ）

       b. The mouse nibbled **at/on** the cheese.

          （チーズを少しずつかじった）

       c. The cat scratched **at** the door.（ドアを引っかいた）

これらの文の前置詞 at/on は，《方向・対象》を示し，「… を目
がけて／… に向かって」という意味である。そして（6a-c），
(7a-c）は，主語がある対象に向かって何かで接触し，その対象
に働きかける動作に焦点を当てて記述する文である。その点で，
He hit me. のような他動詞文が，「私を殴った」という結果に焦
点を当てるのとは大きく異なる。

　英語学では，(6a-c)，(7a-c) のような構文を「動能構文」（co-
native construction）と呼んでいるが，「動能」（＝目的意識を持っ
て行動しようとする気持ち）という表現は，現在では聞き慣れず，
死語に近いので，本章では「働きかけ構文」と呼ぼう。

　さて，働きかけ構文は，主語の対象物に対する働きかけ，動作
に焦点を当てるため，(6a-c) では，殴ったり，切ったり，蹴っ
たりする行為が，実際に成立したかどうかまでは述べていない。
しかし (7a-c) では，ジェインが爪をかんだり，ネズミがチーズ
をかじったり，猫がドアを引っかいたりする行為が，明らかに成

第 11 章　他動詞表現と自動詞表現の意味の違い　　181

立している。[1] この違いは一体どこから来るのだろうか。それは，次の理由による。人を殴ったり，ボールを蹴ったり（さらに (5b) の獲物を撃ったり，(4) のワラをつかんだり）する場合は，<u>行為者と対象物の間に距離がある</u>。そのため，いくら対象物を目がけてそのような行為をしても，我々はその行為が成就しない場合があることを知っている。また，ロープを切ろうとしても，ロープが固くて切れない場合があることも我々は容易に理解できる。一方，爪をかんだり，ネズミがチーズを食べたり，猫がドアを引っかいたり（さらに (1b)，(2a-c)，(3a-c) のドアをノックしたり）する場合は，<u>行為者と対象物の間に距離がない</u>。そのため，我々はそのような行為が確実に成就することを知っている。したがって，働きかけ構文が表す行為が成立するかどうかは，行為者と対象物の距離，対象物の性質などから語用論的に導き出されることになる。

　Levin (1993: 41-42) は，働きかけ構文に次の (i)-(v) の動詞は用いられるが，(vi) の動詞は用いられないと述べている。しかし，その理由については何も述べていない（Pinker (1989) も参照）。(i) hit, kick, knock, beat, hammer, strike, scratch, shoot などの打撃動詞，(ii) cut, saw, clip, slash, chip, hack などの切断動詞，(iii) push, pull, press, shove, jerk, tug などの押し引き動詞，(iv) spray, splash, dab, squirt などの噴射

---

[1] Levin (1993), Pinker (1989) は，働きかけ構文の動詞は，ある行為が実際に実行されたかどうかを明確に述べないで，<u>その行為が試みられたということのみを述べる</u>と主張している。しかしこの主張は，(6a-c) には当てはまるが，(7a-c) には当てはまらず，不十分である。類似した主張に関して，影山・高橋 (2011: 131) も参照。

動詞，(v) eat, drink, chew, gnaw, nibble, sip, slurp などの
摂取動詞；(vi) *touch, *kiss, *lick, *prod などの接触動詞。

ただ，このリストには2つの問題があると考えられる。1つは，
(vi) の接触動詞に関して，Levin (1993: 42)，Pinker (1989:
104) が示す (8a, b) は確かに不適格であるが，(9) の実例のよ
うに，適格な例も数多くあるという点である。

(8) a. *Terry **touched at** the cat. (Levin, Pinker)

b. *Jane **kissed at** the child. (Levin, Pinker)

(9) a. He **touched at** his nose and then looked at the
blood on his fingertips.

b. He ceremoniously **kissed at** her hand.

c. He **licked at** her neck, biting it with his lips.

d. Researchers at the University of Oxford had people
close their eyes while testers gently **prodded at**
their toes.

(8a, b) と (9a-d) の違いは何だろうか。それは，触ったりキ
スしたりする対象物の違いである。(8) では，それが猫や子供の
「身体全体」なのに対し，(9) では，鼻，手，首，足の指など，
「身体の一部」である。触ったりキスしたりする行為は，人や動
物のどこにそうするかが極めて重要であり，at が「... を目がけ
て」という意味なのに，「子供を目がけてキスしようとした」な
どということは意味をなさず，猫や子供のどこに触ったりキスし
たかを述べなければならないので，(8a, b) は不適格となる。

それでは (6a) (＝He hit **at** me.) のような文では，殴る対象
が話し手の身体全体なのに，どうしてこの文は適格なのだろう

か。それは，殴る場合は，キスするような場合とは違い，人の身体のどこを殴っても，殴ったことに変わりがなく，身体全体が殴る動作の対象となり得るからである。

Levin の 2 つ目の問題は，(v) の摂取動詞に関してである。母語話者に調査すると，(v) の動詞のうち，eat, drink, slurp（音を立てて食べる）のように，飲食の対象となるもの全体を食べたり飲んだりすることを表す動詞は at/on をとらず，逆に，chew（かむ），gnaw（かじる），nibble（少しずつかじる），sip（少しずつ飲む）のように，飲食が少しずつ行われることを表す動詞は，at/on をとれるとのことである（以下に数例を示す）。

(10) a. *The girl **ate at/on** her dinner.

b. *The boy **slurped at/on** the food.

(11) a. The dog **chewed on** a bone. (*at)

b. The dog **gnawed at/on** a bone.

c. She **sipped at** her martini. (*on)

Levin (1993: 42) は，摂取動詞でも gobble（ガツガツ食べる）タイプの動詞（gulp（ぐいっと飲む），swallow（ごくりと飲む），wolf（ガツガツ食べる））や devour（ガツガツ食べる）タイプの動詞（consume（食べ／飲み尽くす），swill（酒などをがぶ飲みする））は，働きかけ構文には用いられないと指摘している。それは，これらの動詞が少しずつ行われる飲食行為を表さないからであり，この事実は，上の母語話者の指摘が正しいことを裏づけることになる。（この違いがなぜ生じるかは次節で示す。）

184　第Ⅱ部　文型と構文

3. 他動詞構文と働きかけ構文の意味の違い

　次の他動詞構文と働きかけ構文を比べてみよう。

(12) a.　He hit me.

　　 b.　He hit **at** me.　((＝6a))

(13) a.　Mary cut the rope.

　　 b.　Mary cut **at** the rope.　((＝6b))

(a) の他動詞文では，話し手は殴られ，ロープは切られ，目的語
(＝話し手／ロープ) は動詞の表す行為を直接受けて，状態変化
を伴う大きな影響を受けている。一方，(b) の働きかけ構文では，
彼が話し手に殴りかかったり，メアリーがロープを切りつけただ
けで，それらの行為は実際には成就しなかったかもしれない。同
様のことが，The boy kicked the ball. と The boy kicked **at** the
ball. ((＝6c))，The hunter shot the tiger. と The hunter shot **at**
the tiger. ((5a, b) 参照) などについてもいえる。つまり，働きか
け構文は，主語が前置詞の目的語を目がけて (目的語に向かって)
当該の行為を行うという，動作に焦点があり，他動詞構文のよう
に，動作が目的語に直接及んで，大きな影響を与えたというよう
な点は述べていない。言い換えれば，働きかけ構文の前置詞の目
的語は，他動詞構文の目的語より，動詞の表す行為の影響が少な
いことになる。他動詞構文では，動詞の表す行為が隣接する目的
語に直接及ぶのに対し，働きかけ構文では，動詞の表す行為が，
前置詞の介在により目的語に直接は及ばず，目的語はその影響を
全面的には受けないといえる。

　次の例でも同様のことがいえる。

第11章　他動詞表現と自動詞表現の意味の違い　185

(14) a.　He knocked the man on the head.

　　 b.　He knocked **on/at** the door.　(cf. (1b))

(15) a.　A man was arrested for beating his uncle.

　　 b.　The rain was beating **at** the window.

(14a) では，男は頭を殴られ，大きな被害を受けているが，(14b)
では，ドアは単に軽くノックされただけで，大きな被害は受けて
いない。これで本章冒頭の疑問は解決する。つまり，knock the
door とすると，「ドアを強い力でたたく」という意味になり，ド
アを壊して強引に中に入っていくような状況が連想されるので，
不自然な英語となる。(15a) でも，叔父は暴行を受けて被害が大
であるが，(15b) では，雨が窓にあたっているだけで，窓は割れ
たりするような大きな被害，影響を受けていない。

　さらに次の例を見てみよう。

(16) a.　He chewed his food well.

　　 b.　*He chewed **at/on** his food well.

　　 c.　Jane chewed **at/on** her fingernails.　((＝7a))

食物をかむ場合，それを食べるので，食物は状態変化を受けて大
きな影響を受ける。この場合，(16a, b) のように，他動詞構文
は適格であるが，働きかけ構文は不適格である。よって，目的語
が動詞の表す行為によって大きな影響を受ける場合は，働きかけ
構文では表現できないことがわかる。一方 (16c) は，人が爪を
かんでも，爪は食べられたり，形を変えられるわけではなく，影
響が少ないので適格となる。

　次の例も同様に説明できる。

186 第Ⅱ部 文型と構文

(17) a. The cat scratched the door. ［結果に焦点］

b. The cat scratched **at** the door. ［動作に焦点］ （（＝7c））

(17a) は，「猫はドアに引っかき傷をつけた」という意味で，ドアは大きな被害，影響を受けている。一方 (17b) は，「猫は（たとえば人の注意を引こうとして）ドアを軽く引っかいた」という意味で，ドアが受ける影響は，(17a) よりはるかに小さい。もちろん (17b) でも，結果としてドアに引っかき傷がついたかもしれないが，それはこの文の意図するところではない。

これで，本章冒頭の (4) のことわざでなぜ at が必要なのかも理解できる。溺れる者は，つかめるものはワラでも何でもつかもうとする。つまり，溺れる者が，つかめなくてもつかもうとする動作に焦点を当てているので，at が必要となる。

以上の考察から次の仮説を立てることができる。

(18) **他動詞構文と働きかけ構文の意味の違い**： 他動詞構文の目的語は，動詞の表す行為を受ける直接対象であり，大きな影響を受けるが，働きかけ構文の目的語は，動詞の表す行為が向かう対象であり，他動詞構文の目的語より，動詞の表す行為の影響が少ない。

前節の最後で，少しずつの飲食を表す摂取動詞は働きかけ構文になり，そうでない摂取動詞はならないことを示したが，この点も (18) の仮説で説明できる。chew, gnaw, nibble, sip などの飲食行為は，少しずつ食べたり飲んだりするので，その目的語の飲食物は，口に入らず残っている部分が多く，影響を受ける度合いが少ない。一方，eat, drink, devour, consume, gulp, swill,

第11章　他動詞表現と自動詞表現の意味の違い　　187

swallow, slurp などは，飲食物を食べたり飲んだりしてしまうので，飲食物が受ける影響は極めて大きい。よって前者の動詞は働きかけ構文に用いられ，後者の動詞は用いられない。

　Levin (1993: 41–42) の動詞リストには，打撃動詞でも bludgeon（こん棒で何度もたたく），flog（むち打つ），sock（拳で殴る），whip（むちで打つ）などや，切断動詞でも crush（押しつぶす），dice（さいの目切りにする），mangle（ズタズタに切る），pulverize（粉々にする），shred（切り刻む）などは働きかけ構文にならないと記されている。また，break, smash, shatter, destroy, demolish などの状態変化・破壊動詞も働きかけ構文にならないと記されているが，その理由は示されていない。しかし，これらの動詞の目的語は，むち打たれたり，押しつぶされたり，切り刻まれたり，破壊されたりして極めて大きな影響，被害を受ける。そのため (18) の仮説が予測する通り，他動詞としてのみ用いられ，働きかけ構文にならないのである。

　働きかけ構文は他動詞構文に比べ，当該の動作が繰り返し行われるという意味合いが生じやすい。これは，働きかけ構文に用いられる摂取動詞が，少しずつの飲食を表し，その行為が一般に繰り返し行われることからもわかる。さらに次の例を見てみよう。

(19) a. I pushed the table, trying to move it further away from mc.

　　 b. I pushed **at** the table, trying to move it further away from me.

(20) a. She dabbed her eyes with a tissue.

　　 b. She dabbed **at** her eyes with a tissue.

188 第Ⅱ部 文型と構文

(19a) では，話し手がテーブルを1回押しただけかもしれない
が，(19b) では，テーブルが動かなかった可能性があるのに加
え，話し手がテーブルを繰り返し押したという意味合いがある。
(20) でも，(20a) より (20b) のほうが目をティッシュで押さえ
る動作がより繰り返して行われたと解釈される。

それではなぜ，働きかけ構文に動作の繰り返しの意味が生じる
のだろうか。それは，働きかけ構文の目的語は，動詞の表す行為
の影響が，他動詞構文の目的語より少ないという (18) の仮説か
から生じると考えられる。つまり，少しずつの飲食行為を表す摂
取動詞と同じで，動詞の表す行為が1回行われても，働きかけ
構文の目的語に与える影響は少ないため，意図した目的が達成さ
れず，繰り返しの行為になるわけである。

4. 働きかけ構文以外の前置詞の有無による意味の違い

働きかけ構文以外にも，同じ動詞が同じ目的語と共に，他動詞
構文の「動詞＋目的語」にも，自動詞構文の「動詞＋前置詞＋目
的語」にも現れる場合がある。次の例を見てみよう。

(21) a. She was the first woman to **swim** the English
Channel.

（彼女は，英仏海峡を泳いで渡った最初の女性である）

b. She **swam in** the English Channel.

（彼女は，英仏海峡で泳いだ）

(22) a. He **walked** the Appalachian Trail.

（彼は，アパラチアン・トレイル（世界最長の自然歩道）の

全行程を歩いた）

b. He **walked on** the Appalachian Trail.

（彼は，アパラチアン・トレイルの一部を歩いた）

(23) a. He **flew** the sky.（彼は飛行機で空を飛んだ）

b. He **flew to** the sky.（彼は飛行機で空へ飛んで行った）

日本語訳に示したように，(a) の他動詞文では，目的語が動詞の表す行為の全面的影響を受けていると解釈されるのに対し，前置詞がある場合は，目的語がそのような行為の影響を部分的にしか受けていないことがわかる。

　同様の違いは次のような例でも見られる。

(24) a. He **prepared** the exam.

b. He **prepared for** the exam.

(25) a. I **know** him very well.

b. I **know of** him very well.

(24a) は「彼は試験問題を作った」，(24b) は「彼は試験勉強をした」という意味である。試験問題は，作られるほうが，人がそれに備えて勉強するより，「準備する」という行為の影響をより強く受けているといえる。(25a) の know him は，彼のことを直接知っている／面識があるという意味だが，(25b) の know of him は，彼のことを間接的に知っている／聞いているという意味である。

　以上の違いから，次のような一般化が可能である（久野・高見 (2013: 213) 参照）。

(26)　同じ動詞が，同じ名詞句と共に，他動詞構文の「動詞＋

190 第Ⅱ部 文型と構文

目的語」にも，自動詞構文の「動詞＋前置詞＋目的語」
にも現れ得る場合，動詞に隣接する目的語のほうが，
動詞と離れた前置詞の目的語より，動詞の表す行為の
影響をより強く受けていると解釈される。

もうお気づきのように，(18) の「他動詞構文と働きかけ構文の
意味の違い」は，(26) の一般化から導き出される下位仮説であ
る。

　興味深いことに，日本語でも同様の現象が観察されるので，簡
単に触れておきたい。次の例を見てみよう。

(27) a.　ドーバー海峡を泳ぐ／ドーバー海峡で泳ぐ
　　　b.　大空を飛行する／大空で飛行する
　　　c.　廊下を走る／廊下で走る

場所を表す「を」格名詞句と「で」格名詞句では意味が異なり，
(27a) では，英語の (21a, b) と同様に，「を」格名詞句の場合は，
ドーバー海峡が泳ぐ行為を全面的に受け，そこを泳いで渡ると解
釈されるが，「で」格名詞句の場合は，そこの一部で泳ぐ行為が
なされ，ドーバー海峡は部分的な影響しか受けていない。同じこ
とが (27b, c) についてもいえる。

　「を」格名詞句と「に」格名詞句にも同様の違いが見られる。

(28) a.　土砂で穴を埋める
　　　b.　土砂を穴に埋める
(29) a.　花で部屋を飾る
　　　b.　花を部屋に飾る

(28a) では，穴はもう土砂でいっぱいになり，もはや穴ではなく
なると感じられるが，（28b）だと，土砂は少しだけで，穴はまだ
いっぱいになっていないと感じられる。同様に（29a）では，部
屋のかなりの部分／全体が花で飾られると感じられるが，（29b）
だと，花が部屋の一部／片隅に飾られていてもいいと感じられ
る。

このような違いから，次の一般化が可能である（高見・久野
(2014: 127) 参照)。

(30)　「を」格名詞句と「に／で」格名詞句の意味の違い：同
一の名詞句が，「を」格でマークされる場合と，「に／
で」格でマークされる場合，前者は，動詞の表す動作を
全面的・直接的に受け，その動作の<u>全面的・直接的影
響</u>を受けるが，後者は，動詞の表す動作を部分的・間
接的に受け，その動作の<u>部分的・間接的影響</u>を受ける
と解釈される。

したがって，英語で観察した他動詞構文と前置詞付き構文の意味
の違いが，日本語では，「を」格名詞句構文と「に／で」格名詞句
構文の間に存在していることになる。

5.　英語教育への提言─結びに代えて─

本章冒頭で述べた 2 つの疑問は，現在の中学生・高校生も共
有していることと思われる。実際，（2a–c），（3a–c）に示したよ
うに，高校英語教科書には，働きかけ構文の knock **on/at** the
door が何度も用いられており，高校生達はこのような例に接し

192　第Ⅱ部　文型と構文

て，筆者と同じように，どうして knock the door とはいえず，前置詞の on や at が必要なのか，疑問に思うことだろう。

　筆者が高校英語教科書を 12 冊ほど調査した限りでは，他の働きかけ構文は，knock **on/at** the door ほどには観察されなかったが，自動詞表現の seize **on**（つかむ，〈機会などに〉飛びつく）と他動詞表現の seize（つかむ，〈機会を〉（素早く）つかむ）の両方が次のように用いられていた。

(31) a. That's why he [= Nelson Mandela] **seized on** the Rugby World Cup, which would be held in his own country, as a way of achieving his goal.

（第一学習社 *Perspective English Communication* I, p. 112）

　　 b. He will **seize on** any chance to study abroad. （同上）

　　 c. Nick **seized on** the chance to live in Los Angeles.

（同上，p. 121）

(32)　Do not stand by, and **seize** the moment. Once I pass, I shall never return to you.

（文英堂 *Unicorn English Communication* 1, p. 12）

Perspective English Communication I では，seize on が「熟語」としてあげられているのみで，他動詞の seize との違いについては何も触れられていない。しかし高校生達は，seize を辞書で引けば，他動詞としても用いられることがわかり，seize on との違いは何だろうと思うに違いない。

(24a, b), (25a, b) で言及した prepare/prepare for, know/know of の用法についても，高校英語教科書には次のような例が用いられていた。

第 11 章　他動詞表現と自動詞表現の意味の違い　193

(33) a. To prevent the spread of germs, children should wash their hands before eating or **preparing** food, and after playing outdoors.

（第一学習社 *Perspective English Communication* III, p. 22）

b. My mother is **preparing** a pot full of fish and vegetables.　　（三省堂 *Crown English Expression* I, p. 66）

c. My mother is going to **prepare** dinner.

（桐原書店 *PRO-VISION English Communication* I, p. 156）

(34) a. You should **prepare for** tomorrow's class before going to bed.

（三省堂 *Crown English Expression* I, p. 24）

b. To **prepare for** a job interview is quite stressful for most people.

（第一学習社 *Perspective English Expression* I, p. 46）

(35)　How did you **know** his room number?

（第一学習社 *Perspective English Communication* II, p. 75）

(36) a. I **know of** at least three people who made the same mistakes.　　（同上，p. 74）

b. "Now, how many other fans know where he's staying?"

— "None that I **know of**."　　（同上，p. 74）

　高校では以上のように，教科書に 1 つの動詞が他動詞としても自動詞としても用いられる例がある程度用いられている。したがって高校生は，その違いに疑問を持つことと思われるが，高校

の授業や教科書では，たとえば (5) で述べたように，shoot と shoot at に特有の意味の違いを個別的に教えるだけだったり，seize on を単に「熟語」として扱うだけで，どうしてそのような違いが生じるのかや，他動詞構文と働きかけ構文の一般的相違，あるいは他動詞文と自動詞文の一般的相違については教えられることがない。そのため高校生達は，個々の単語の違いを暗記するだけで，その違いが生じる理由や他動詞文と自動詞文の意味の違いなど，英語の一般的特性を学ばないまま学習を進めるのが現状のように思われる。このような英語学習は，結果として学習意欲を減退させ，さらには，英語学習を通して母語の日本語に立ち返り，日本語との共通点や相違点を意識するという，外国語学習の重要な目的から逸れてしまうように思われる。

　そのため，上に示したような例が教科書で現れた際に，他動詞構文と働きかけ構文の間には (18) のような意味の違いがあること，そして他動詞構文と自動詞構文の間には (26) のような意味の違いがあることを，教師が積極的に高校生に教えることを提案したい。そしてこのような意味の違いを本章で示したような例文と共に，*English Expression* のテキストに文法事項として組み入れたり，教師用指導書に記載されることが望ましいと考えられる。そして教師は，同様の違いが日本語にも存在することを指摘することが望ましい。高校生は抽象的思考が発達する時期であり，英語を暗記科目とするのではなく，英語の一般的特性や言語間の共通点を教えることで，彼らは英語学習が楽しく，知的好奇心をそそられる授業科目であると認識するに違いない。

参考文献

影山太郎・高橋勝忠（2011）「直接目的語と前置詞付き目的語」『日英対照　名詞の意味と構文』，影山太郎（編），119-147，大修館書店，東京.

久野暲・高見健一（2013）『謎解きの英文法——省略と倒置』くろしお出版，東京.

久野暲・高見健一（2017）『謎解きの英文法——動詞』くろしお出版，東京.

Levin, Beth（1993）*English Verb Classes and Alternations: A Preliminary Investigation,* University of Chicago Press, Chicago.

Pinker, Steven（1989）*Learnability and Cognition,* MIT Press, Cambridge, MA.

高見健一・久野暲（2014）『日本語構文の意味と機能を探る』くろしお出版，東京.

第Ⅲ部

冠詞と時制

第 12 章

英語の冠詞体系の不思議さ*

今西　典子

（東京大学名誉教授）

1.　はじめに

　英語には，名詞句の限定詞（determiner）のひとつとして冠詞があり，定冠詞 the と不定冠詞 a/an が区別される。冠詞がない日本語は，たとえば Brown（1973: 348）が "Some languages, Japanese is one, do not habitually mark nouns as definites or nondefinites, and this must now strike us as very strange." と述べるように，英語の母語話者には不思議な言語のようだ。別の見方をすれば，英語の冠詞の体系を完璧に習得することは英語を学習する日本語の母語話者には，かなり難しいことだといえよう。

---

　* 本稿の執筆にあたり，牛江一裕氏から多くの貴重な情報や助言をいただき，特に，牛江（2013）「中学校英語教科書における文法記述と語彙導入の問題点—Sunshine English Course の場合—」（『埼玉大学紀要　教育学部』62: 175-190）により，現行の中学校教科書における文法事項の説明について理解を深めたうえで，冠詞体系の指導について考察ができましたこと，深く感謝いたします。

第 12 章　英語の冠詞体系の不思議さ　　199

　「初歩的な英語を聞いて話し手の意向などを理解できるように
する」という教科目標をかかげる『平成 20 年度中学校学習指導
要領解説外国語編』第 2 節「英語」には，指導すべき英語の文法
事項のひとつの「文構造」で，名詞，動詞，形容詞，代名詞は言
及されているが，冠詞は言及されていない。中学校 1 年生の言
語活動では「身近な言語の使用場面や言語の働きに配慮し，自分
の気持ちや身の回りの出来事の中から簡単な表現を用いてコミュ
ニケーションが図れるような話題をとりあげるように」と記され
ている。1 年生用教科書での初歩の学習目標は，平叙文，否定文，
疑問文，命令文，単文の構造を学ぶことで，『指導要領解説』に
は，その文例として，"The pen on the desk is mine.", "Paul
has a guitar.", "Do you have a minute?", "Turn off the
lights.", "She isn't a baseball fan." などが挙げられている（下線
表記は著者によるが，以下では，記述・説明の必要に応じてこの
表記を用いる）。このように冠詞は，主語，目的語，前置詞の目
的語，補語として文構造を成す名詞句に生起するので，教科書の
教材のどこにでもその使用例がみられる。『指導要領解説』には，
名詞句でも冠詞を伴わずに無冠詞で使われる "She likes Chinese
food.", "Do you walk to school?", "I watched TV in class to-
day." などの文例も記されており，このような文例は 1 年生用教
科書の初めのほうの教材でもみられる。

　本稿では，無冠詞の場合も含めて英語の冠詞体系の背後に潜ん
でいる英語の母語話者の言語知識を概観し，中学校検定教科書の
冠詞の使用例の調査を踏まえて，英語の冠詞体系の指導にはどの
ような基礎的文法知識が必要となるかを考える。

2. 英語の冠詞についての基礎的知識[1]

英語の冠詞には，(1)，(2) のような分布制約がみられる。名詞句の主要部が可算名詞なのか不可算名詞なのか，可算名詞の場合には，単数なのか複数なのか，さらに，名詞句が文構造の中でどのような働きをしているのか，主語や目的語（指示的）なのか補語（非指示的／叙述的）なのか，によって冠詞との共起可能性が異なる。(1a)，(2a) は指示的名詞句，(1b)，(2b) は非指示的名詞句の場合である。複数形の可算名詞と物質名詞などの不可算名詞は「特定されること」を表す定冠詞とは共起できるが，「不特定な1つ」を表す不定冠詞とは共起できないので，無冠詞の裸名詞句の形で使われる。なお，可算名詞であっても，(3) のように無冠詞で使われる場合があり，2.2 節で詳しく考察する。

(1) 可算名詞：
   a. I bought {a book / the book / books / the books / *book}.
   b. It looks like {a book / *the book / *book}.
(2) 不可算名詞：
   a. I bought {*a butter / the butter / *butters / *the butters / butter}.
   b. It looks like {*a butter / *the butter / butter}.
(3) a. I go to school by bus.

---

[1] 本節は Huddleston and Pullum (2002: 368–373)，池内 (1985: 31–99)，久野・高見 (2004: 1–26)，Quirk et al. (1985: 265–278)，などの知見を踏まえている。この程度の知識や情報は教室での授業に必要であろう。

第 12 章　英語の冠詞体系の不思議さ　　201

b.　I just heard that the Johnsons are in town.

　無冠詞の場合も含めて定・不定冠詞がどのような談話（発話場面や言語文脈）で使われると，どのような意味や情報が伝達されうるかは，話し手（書き手）にとっても聞き手（読み手）にとっても円滑なコミュニケーションには重要なこととなる。

2.1.　定冠詞と不定冠詞の使い分け

　英語の母語話者は，談話の冒頭で (4)–(7) を聞いた（読んだ）とき，名詞句に伴う定・不定冠詞を手掛かりとして文の意味を以下のように推測し，理解するであろう。

(4)　Tom lost a watch yesterday and Bill was wearing the watch this morning.

(5)　a.　A man hit Bill and a man called the police.

　　　b.　A man hit Bill and the man was in prison.

(6)　I used my shoe as a hammer.

(7)　The cat catches mice. They can also climb trees.

(4) では Bill は「Tom の時計を盗んだ泥棒」に違いないと思い，(5a) では「Bill を殴った男」はその場から逃げたのではないかと疑い，(5b) では「Bill を殴った男」は捕まったと確信するであろう。また，(6) では，1 本のハンマーがある場景ではなく，「叩く道具として一般にハンマーが使われている場景」を思い浮かべ，(7) では特定の 1 匹の飼い猫ではなく，「いろいろな猫」を思い浮かべるであろう。

　英語の冠詞は，(4)，(5) のように指示的に使われる場合には，

それが伴う名詞句の指示物の談話における同定可能性（identifiability）を，(6), (7) のように非指示的・総称的に使われる場合には，名詞句の示すものは個体（individuals）ではなく種族や種類（kind）であることを形態的に標示する。このように，冠詞は談話において名詞句の指示に係る情報を担う働きをする。一般に名詞句の指示の様相は，特定性（specificity）と限定性（definiteness）という 2 つの語用論的特性によって捉えられると考えられている。特定性は，話し手・聞き手各々にとって名詞句の指示物が「特定的」なのか「非特定的」なのかを示す。一方，限定性は，話し手が意図する名詞句の指示物が聞き手により唯一的に同定できると想定されて「限定的（definite）」なのか，想定されなくて「非限定的（nondefinite/indefinite）」なのかを示す。(8)–(11) は，Brown (1973: 342) がこの 2 つの特性によって区別されるとした 4 つのタイプの名詞句の事例である。[2]

(8) ［話し手・聞き手両者に特定的，限定的］

   a. Can I have the car?

   b. Let's move the desk.

(9) ［話し手に特定的で聞き手に非特定的，非限定的］

   a. I saw a funny-looking dog today.

   b. John tried to lift a piano yesterday.

(10) ［話し手に非特定的で聞き手に特定的，非限定的］

   a. There is a spy hiding in your cellar.

   b. You once wrote an article on superstition.

---

[2] (9) の不定冠詞と同じ意味で *this* も使用可能である。

(11) ［話し手・聞き手両者に非特定的，非限定的］

    a. I don't have a car.

    b. I need a new belt.

    c. I am looking for a book.

  定冠詞は，（8）のように話し手にも聞き手にも限定的な名詞句の指示物に言及する場合に使用され，指示物が談話において既知であることを示す。一方，不定冠詞は，（9）や（10）のように名詞句の指示物が談話に初めて導入される場合や（11）のように名詞句の指示物が現実の世界でまだ確立されていない場合や実現していない未来や仮想の世界の指示物に言及する場合に使用され，指示物が談話において既知になっていないことを示す。

  一般に，自分の念頭にある特定の指示物を聞き手も同定できると話し手が想定する（8）のタイプでは，名詞句の指示物は話し手と聞き手が共有する知識により同定されると考えられている。（12a-h）は，Brown（1973: 345）による指示物が唯一的に同定され特定的な場合の具体例である。

(12) a. 指示物が普遍的に唯一の場合：*the moon*, *the Earth*, *the sky*

    b. 指示物がある特定の状況で唯一の場合： *the desk*, *the ceiling*

    c. ある特定の社会的集団において唯一的に同定される場合： *the dog*, *the boss*

    d. 指差しなどにより直示的に同定される場合：*the chair*, *the singer*

    e. 注意を引くような刺激の特徴により同定される場合：

204 第 III 部 冠詞と時制

      the dog, *the explosion*

f. 含意により同定される場合： *the engine*, *the head*

g. 修飾語の語彙的意味により同定される場合： *the last sentence*, *the first of the month*

h. すでに言及したものにより同定される場合： *the fun-ny-looking dog*

  (4) や (5) は (12h) に該当する事例である。一般に，(12h) は定冠詞の前方照応の用法と呼ばれ，定冠詞を伴う名詞句は定代名詞と同じ働きをしている。

  (12a-e) は，話し手と聞き手が共有する社会的／文化的な一般知識により特定の指示物が唯一的に同定される場合で，定冠詞の外界照応（あるいは状況的）の用法と呼ばれる。

  (13a, b) は (12f) に該当する事例である。

(13) a. My car did not start. I think that the engine was cold.

b. I was driving down the freeway when the engine started to sputter.

(13) では，一般知識である *car* と *engine* の間に成り立つ所有関係 'A car has one engine.' により *engine* が含意され，指示物が聞き手に同定可能なので定冠詞を伴い *the engine* と表現される。(13a) は，先行文脈の *my car* から *engine* が含意される場合で，定冠詞の間接的な前方照応の用法でもある。(13b) は，先行文脈 *driving down the freeway* から *the car which I was driving down the freeway* が想起され，それにより *engine* が含

意される場合で，定冠詞の連想的な用法である。

(12g) の *first* や *last* は，主要部名詞の前置修飾語として名詞句の指示物を唯一的に限定する機能をもつ語である。*only* や *same* も同種の語である。

(14) の定冠詞は後方照応の用法で，名詞句は前置詞句や関係節によって後置修飾されその指示物は唯一的に同定可能となる。なお，(15) のように，主要部名詞に後置修飾要素があっても，話し手が名詞句の指示物が聞き手によって唯一的に同定可能と想定できない（角地に家が何軒もあったり，ジョンが買った自転車が何台もある）状況では，不定冠詞が使われる。

(14) a. The house on the corner is for sale.

b. The bicycle John bought has been stolen.

(15) a. A house on the corner is for sale.

b. A bicycle John bought has been stolen.

英語を母語とする幼児 Adam, Eve, Sarah の習得過程を研究した Brown (1973: 350-357) は，冠詞の生起が義務的な環境で安定的に使用されるようになった段階では，(8) の状況で定冠詞を，(9) や (11) の状況で不定冠詞を適切に使用する発話が観察される一方で，(9) に該当する状況で定冠詞 the を使用する (16)-(18) のような誤用が観察されると指摘している。聞き手である母親の応答は，定冠詞による指示物が特定的ではないことを示している。英語の冠詞のこのような誤用は第1言語習得だけでなく第2言語習得でも観察されている。(9) のような状況は習得に多少の困難が伴うようである。

206　第 III 部　冠詞と時制

(16)　Sarah:　The cat's dead.

Mother:　What cat?

(17)　Adam:　"Put it up," the man says.

Mother:　Who's the man?

(18)　Eve:　Where's the stool?

Mother:　There's one over here.

2.2.　弱限定の定冠詞と無冠詞

(19) は，「妹は毎月その劇場に行く。」とも「妹は毎月観劇する。」とも解釈される多義な文である (Quirk et al. (1985: 269))。

(19)　My sister goes to the theater every month.

(19) で，the theater が物理的な建物としての「劇場」を指示せず，演劇が上演される施設としての機能を指示して動詞 go の意味と結びつくと，慣習的含意により「観劇する (theater-going)」という活動を表すと解される。定冠詞は，(12) のような状況で使われると「個体」を指示しその唯一性を示す。(19) のように「種類」を指示しそのステレオタイプ的な機能を示す定冠詞は，一般に，弱限定 (weak definites) と呼ばれる。弱限定は，唯一的指示とならないので，たとえば，ある新聞を 1 部読んでいるそばに別の数社の新聞があるような文脈でも，'Lola is reading the newspaper.' と弱限定で表現されうるが，[3] その使用

---

[3] 弱限定については，Carlson and Sussman (2005)，Carlson et al. (2006)，Aguilar-Guevara and Zwarts (2011)，Schwartz (2014)，Zwarts (2014) などを参照。

第 12 章　英語の冠詞体系の不思議さ　　207

には語彙的な制約がみられる。

　定冠詞は，(20a-d) のような意味類に属する可算名詞とともに，(21) や (22) のように特定の前置詞あるいは動詞の目的語として使われる場合には，弱限定と解されうる。

(20) a.　輸送手段：*bus, train, subway*

　　 b.　通信手段：*radio, newspaper, news, phone*

　　 c.　サービス提供機関：*hospital, doctor, store, bank, movies*

　　 d.　家事や日常の仕事や趣味：*dishes, trash, lawn, piano*

　　 e.　身体や建物の一部：*knee, eye, window, stairs*

(21)　*on the radio, to the store, to the hospital*

(22)　*take the train, read the newspaper, answer the phone, see the doctor, play the piano, wash/do the dishes, open the window*

このような語彙的制約に反する (23a′, b′, c′) では，定冠詞は唯一的指示となる（以下，これを強限定と呼ぶ）。(23a, b, c) で定冠詞が弱限定と解されると，(19) と同様に「買物に行く」，「診療を受ける」，「受診するために連れて行く」という意味を表す。(23c′) のように主語となると，定冠詞は強限定にしか解されない。弱限定の定冠詞は，psychiatric のような種類を限定するような形容詞とは共起するが，new のような記述的形容詞とは共起しえない。(24a) は「入院中である」状況を表すが，(24b) は，「病気の治療のために病院にいるのではない」ことを表す。

208 第Ⅲ部　冠詞と時制

(23) a. Lola went to the store.

a′. Lola went around the store.

b. You should see the doctor.

b′. You should see the surgeon.

c. John was taken to the hospital.

c′. The hospital was closed at five today.

(24) a. Lola is in the psychiatric hospital.

b. Lola is in the new hospital.

　弱限定の名詞句には，強限定の名詞句とは異なる振る舞いがみられる。コップ1個を洗った状況でも 'John washed the dishes.' と言えるし，途中で乗り換えがあり乗車した列車が2つであっても 'John took the train from Tokyo to Sapporo.' と言えるように，主要部名詞の数の形態標示は指示物の数の情報を表さない。また，動詞 read は 'I read the book {in/*for} two hours.' のように目的語が伴うと，その語彙的アスペクトは達成動詞の特徴を示すが，'I read {*in/for} two hours.' のように目的語を伴わなければ活動動詞の特徴を示す。弱限定の名詞句が目的語となると，'John read the newspaper for hours and hours.' のように活動動詞の特徴を示す。

　(25) は動詞句削除文である。(25b) は，(25a) とは異なり，多義的に解される。

(25) a. Lola went to the hotel and Alice did too.

b. Lola went to the hospital and Alice did too.

　語彙的制約により弱限定とならない名詞句 the hotel を含む

（25a）では，指示の厳密な同一性による動詞句削除しか許容されないので，削除される動詞句内の名詞句は先行詞と「同じホテル」でなければならない。一方，弱限定になりうる名詞句 the hospital を含む（25b）では，略式の同一性による動詞句削除も許容され，削除される名詞句は先行詞と「同じ病院」でも「異なる病院」でもよいので，多義的に解される。

本節の（3）で，無冠詞で使われる裸単数可算名詞（bare singular count noun, BSCN）の事例を見た。（3a）の無冠詞の school は，物理的な建物ではなく教育活動が行われる施設としての機能を指示し，*go to school* は慣習的含意として「通学する」という行為を意味する。John が学校という建物内にいるだけの状況なら 'John is at a/the school.' となるが，John が先生ないし学生で，学校で教育活動を行っているという状況は 'John is at school.' のように非指示的 BSCN で表される。一方（3b）の無冠詞の town は，慣れ親しんでいるところという慣習的含意により話し手あるいは聞き手の住んでいる町を直示的に指示する BSCN である。

このような BSCN には，弱限定と同じような語彙的制約がみられる。[4]（26a, b）のように，社会的地理的場所を表す特定の可算名詞が特定の前置詞あるいは動詞の目的語となる場合に無冠詞が許容されるが，*by car, on video, on vacation, at/after/before lunch* のような BSCN の事例もよくみられる。

(26) a. in/to/out of bed, in/to class, at/from/in/to

---

[4] BSCN については，Stvan（1993, 2007, 2009）を参照。

210 第 III 部　冠詞と時制

church, in harbor, from/in/to prison, at/in sea, at/in/to school, through/to town, at/to work

b. have/miss class, attend/skip church, enter/flee prison, attend/start school, leave/visit town

(27a′, b′, c′) のように，語彙的制約に反する BSCN は容認されない。

(27) a.　Alice is in bed/class.

a′. *Alice is in cage/park.

b.　Alice is sent to prison.

b′. *Alice is behind/toward prison.

c.　Alice attended class.

c′. *Alice destroyed class.

BSCN に修飾語が伴う場合には，(28a) の military のように種類を限定するような形容詞は容認されるが，(28b) の old のような記述的形容詞は容認されない。

(28) a.　Alice is in military prison.

b. *Alice is in old prison.

BSCN は種類を表し，略式の同一性による動詞句削除を許容するので，(29) は「異なる刑務所に収容されている」という意味も表し，多義的に解される。

(29)　Bob is in jail and Fred is, too.

BSCN は弱限定の名詞句と同じく多くの場合主語位置で容認

第 12 章　英語の冠詞体系の不思議さ　　211

されないが，(30b) のように主語位置で容認される事例もみられる。

(30) a. *Car took the students to the conference.

　　 b. Although the planned lessons would all take place indoors, with the heavy snow, school is not in session.　　　　　　　　　　　　　　　　(Stvan (2009: 324))

3.　中学校 1 年生の教科書で学ぶ英語の冠詞の体系

　中学校 1 年生の教科書を調査すると，教材や練習課題では生徒の好きなものや身の回りのもの，学校生活や 1 日の日常生活での活動がよく話題とされ，2 節で概観した指示的・非指示的，特定的・非特定的，叙述的・総称的，前方照応・後方照応・外界照応，強限定・弱限定，種々な用法の定冠詞，不定冠詞，無冠詞の使用がみられる。(31) は *NH*1 からの具体的事例である。

(31) a. Oh, a judo uniform. Are you in the judo club, Saki? (p. 24)

　　 b. Are you a Boston Red Sox fan?　(p. 26)

　　 c. This is a nice picture.　(p. 32)

　　 d. I like math I like music.　(p. 32)

　　 e. I play the guitar in a band.　(p. 38)

　　 f. I play baseball every day.　(p. 39)

　　 g. I go to judo school every Sunday.　(p. 42)

　　 h. I want a black belt.　(p. 42)

　　 i. Take a doggy bag, everyone.

212   第 III 部　冠詞と時制

Let's use the doggy bags!　(p. 50)

j.　What do you have for breakfast?　(p. 62)

k.　I know koalas and kangaroos.　(p. 70)

l.　My sister often draws the koalas in the trees.　(p. 70)

m.　My brother works in this Chinese restaurant ... Kota is drinking water.　Deepa is watching the cook. Saki and Alex are talking about the menu.　(p. 94)

n.　I leave home at seven fifty.　I have lunch at twelve thirty.　I play soccer after school.　I go to bed at about eleven.　(p. 104)

o.　Can I open the window?　It's hot.　(p. 112)

p.　Erika, dinner is ready.　Can you set the table?　(p. 113)

　*NC*1 や *Ss*1 でも（31）と同じような多様な冠詞の使用例がみられる。1 年生は，be 動詞や一般動詞の現在形による文から学習し始めるので，無冠詞や不定冠詞の使用例が早くからみられる。平叙文，疑問文，否定文，命令文の練習用として「動詞／前置詞＋{所有代名詞，定冠詞，不定冠詞，無冠詞}＋名詞」という表現型の例（*wash my face*, *read a book*, *take a bath*, *play computer games*, *eat breakfast*, *swim in the sea*, *leave for school*, *under the desk*, *by bus*）が数多く示されている。また，*NC*1 の巻末付録では，対訳付きで同様な表現（*take a class*（授業を受ける），*work as a volunteer*（ボランティア活動をする），*walk the dog*（イヌを散歩させる），*wash the dishes*（皿を洗う），*read* *books*(読書する))が多数示してある。1年生が英文表現をそのまま丸ごと覚えて同じ表現を繰り返し練習する中で，冠詞の使い方の知識も身につくと考えられているようだが，類推を正しい知識に導くには明示的な説明が必要であろう。

図1 (*New CROWN English Series* New Edition 1 (2016), p. 143, 三省堂)

調査した教科書では，*NC*1 に，冠詞について文法的な説明が明記されていた。まず p. 78 で「数えられる名詞」と「数えられない名詞」について，一定の形のある1つのものには冠詞 a/an

214 第Ⅲ部 冠詞と時制

をつけるが，形が一定でないものや素材や抽象的なものは数えら
れなくて a/an がつかないと記したうえで，p. 143 の付録「絵で
わかる英語のきまり：冠詞」で，a/an と the が使われる状況と
どのような意味を表すときに冠詞を使わなくてもいいのかが図 1
のように示されている。このように明示的に文法知識を教えるこ
とは生徒の能動的な表現能力を高めるためにも不可欠であろう。

　スポーツを表す語は無冠詞で，楽器を表す語は定冠詞で動詞
play の目的語として使われるが，*NH*1 p. 39 でも *Ss*1 p. 30 で
も，「play（「... を演奏する」）のあとに楽器がくる時には，楽器
の前に the がつく」と注記している。2.2 節でみたように種類を
表す弱限定では語彙的制約がみられ，定冠詞と無冠詞の選択には
慣用によるところもある。生徒がこのような注記や定型表現の暗
記練習から過度な一般化をしないように，1 年生の教科書の練習
文にある 'I want a guitar.'（*NH*1 p. 44）や 2 年生の教科書の教材
にある 'You will have a delicious lunch.'（*NC*2 p. 110），'He
wanted to hear some other hymns, and so he went to a church.
At the church, he met the minister. ..., He learned singing and
sang in church.'（*NH*2 pp. 97-98）などの事例を学ぶ時に，冠詞
の選択の適切さは文脈により異なることを指導することも必要で
あろう。

4.　おわりに

　本稿では，弱限定の定冠詞の使用と無冠詞の使用にみられる体
系的な共通特性に焦点をあて，英語の冠詞体系の指導に特に重要
だと考えられる基礎的な文法知識について考察した。冠詞という

表現形式がない日本語を母語とする小学生／中学生に英語の冠詞体系の初歩を導入して適切な言語活動ができるようにするには，動詞や名詞の語彙概念的意味の指導と異なり，話し手・聞き手にとっての情報の既知性，名詞句の指示性，照応の様相など，発話状況や言語的文脈において言語横断的な語用論的基礎知識についての理解をまず深める必要があろう。

参考文献

Aguilar-Guevara, Ana and Joost Zwarts (2011) "Weak Definites and Reference to Kinds," *Proceedings of SALT 20*, 179–196.

Brown, Roger (1973) *A First Language: The Early Stages*, Harvard University Press, Cambridge, MA,

Carlson, Greg and Rachel Sussman (2005) "Seemingly Indefinite Definites," *Linguistic Evidence: Empirical, Theoretical, and Computational Perspectives*, ed. by Stephan Kepser and Margan Reis, 71–85, Mouton de Gruyter, Berlin/New York.

Carlson, Greg, Rachel Sussman, Natalie Klein and Michael Tanenhaus (2006) "Weak Definite Noun Phrases," *NELS* 36, 179–196.

Huddleston, Rodney and Geoffrey Pullum (2002) *The Cambridge Grammar of the English Language*, Cambridge University Press, Cambridge.

池内正幸 (1985)『名詞句の限定表現』(新英文法選書6)，大修館書店，東京.

久野暲・高見健一 (2004)『謎解き英文法：冠詞と名詞』くろしお出版，東京.

Quirk, Randolph, Sidney Greenbaum, Geoffrey Leech and Jan Svartvik (1985) *A Comprehensive Grammar of the English Language*, Longman, London/New York.

Schwarz, Florian (2014) "How Weak and How Definite are Weak Definites?" *Weak Referentiality*, ed. by Ana Aguilar-Guevara, Bert Le

Bruyn and Joost Zwarts, 213–235, John Benjamins, Amsterdam.

Stvan, Laurel (1993) "Activity Implicatures and Possessor Implicatures: What are Locations When There is No Article?" *CLS* 29, 419–433.

Stvan, Laurel (2007) "The Functional Range of Bare Singular Count Nouns in English," *Nominal Determination: Typology, Context Constraints, and Historical Emergence*, ed. by Elisabeth Stark, Elisabeth Leiss and Werner Abraham, 171–187, John Benjamins, Amsterdam.

Stvan, Laurel (2009) "Semantic Incorporation as an Account for Some Bare Singular Count Noun Uses in English," *Lingua*, 119, 314–333.

Zwarts, Joost (2014) "Functional Frames in the Interpretation of Weak Nominals," *Weak Referentiality*, ed. by Ana Aguilar-Guevara, Bert Le Bruyn and Joost Zwarts, 265–285, John Benjamins, Amsterdam.

参考資料

NEW CROWN [*NC*] 1 ～ 3 *English Serie*s New Edition (2016) 三省堂, 東京.

NEW HORIZON English Course [*NH*] 1 ～ 3 (2016) 東京書籍, 東京.

SUNSHINE ENGLISH COURSE [*Ss*] 1 ～ 3 (2016) 開隆堂, 東京.

第 13 章

学習英文法と時制の概念をめぐって*

金子　義明

（東北大学）

1.　はじめに

　本稿では，日本の学習英文法における時制の扱いについて考察する。具体的には，第 2 節において，will を含む文に関する現行の学習指導要領の方針を踏まえて，will を未来時制ではなく未来表現と考える言語学的根拠を指摘する。さらに，第 3 節では，節の概念を定形時制の存在に基づいて定義する従来の学習英文法の捉え方の問題点を指摘し，定形節に加えて非定形節の概念を導入すべきであることを論じる。

---

　* 本稿の研究は，平成 29 年度 JSPS 科研費 15K02589 の助成を受けている。

218　第 III 部　冠詞と時制

2.　学習英文法における未来表現としての will

2.1.　学習英文法における will を含む文の扱いの現状

　従来の学習英文法においては，英語には現在時制（present tense），過去時制（past tense），未来時制（future tense）の 3 つの時制が存在すると考える説明が一般的であったと思われる（たとえば杉山（1998），綿貫ほか（2000））。たとえば，（1a）の walks は現在時制を表す現在形，（1b）の walked は過去時制を表す過去形，（1c）の will walk は未来時制 will を伴う未来形とされた。

(1) a.　John walks in the garden every day.

　　b.　John walked in the garden yesterday.

　　c.　John will walk in the garden tomorrow.

　しかし，平成 21 年 12 月にまとめられた文部科学省の「高等学校学習指導要領解説　外国語編　英語編」（以下，文部科学省（2009））では，「未来時制」の概念が廃され，上記（1c）は法助動詞 will を用いた未来表現の文として扱われる（p. 42）。英語に未来時制を認めないのは，英語学や言語学研究においては一般的であり，理論的研究に基づいて編纂された包括的英文法書の Quirk et al（1985: 176, 218），および Huddleston and Pullum（2002: 208-210）や，学習英文法書の Aarts（2011: 244）などで，will は法助動詞であり未来時制ではないことが明記されている。

　高等学校や中学校向けの学習英文法書では，新たな学習指導要領の方針に沿った記述に変更されたものが多いが，高等学校卒業以上の英語学習者を対象とした学習英文法書では，定評のある旧

来の英文法書が読み継がれていることもあり，2つの立場が混在している。比較的最近刊行された学習英文書を見ても，綿貫・ピーターセン（2006: 59），中村（2009: 290）などでは未来時制を認めず未来表現として記述されているが，宮川・林（編）（2010: 404, 412）では，現在時制・過去時制と並んで未来時制の概念が用いられている。[1] 大学などの高等学校卒業生を対象とした英語教育においても，山田（2009）で指摘されているように，必ずしも現行の学習指導要領を踏まえた指導がなされているとは言えず，教授者と学習者間に「未来時制」を巡る不一致が生じている可能性がある。

　このような現状を踏まえ，以下では いくつかの言語学的根拠を指摘して，will を未来時制ではなく未来表現を構成する一要素と考えることが妥当であることを再確認する。

2.2.　時制と法助動詞 will

2.2.1.　will の時制とモダリティ

　will が現在時制と過去時制からなる時制体系の中でどのように位置づけられるのかについては，新たな学習指導要領を踏まえた学習英文法書でも必ずしも明確にされてはいない。

　従来の学習英文法においても，「現在形の will」や「過去形のwould」という言い方がしばしばなされてきた。時制を現在時制と過去時制に限定する枠組みでは，現在形の will は「現在時制

---

　[1] ただし，宮川・林（編）（2010）でも，時制を動詞の語形変化のみに限定して用いる場合は未来時制の用語は用いられない旨の注記がある（p. 404）。前述の杉山（1998）でも，英語には未来時制が存在しないとする説も有力である旨の注記がある（p. 227）。

220 第 III 部 冠詞と時制

+will」の具現形であり，過去形の would は「過去時制＋will」
の具現形である。さらに，法助動詞 will は，may や can などの
他の法助動詞と同様に，内在的語彙特性としてのモダリティ
(modality) を表し，will のモダリティは「未来予測 (future pre-
diction)」である。

たとえば現在形の will が生起する (2) を見よう。

(2)　He will come tomorrow.

この文では，will が含む時制は現在時制であるので，現在時，
すなわち発話時について語られる。発話時において，「彼がやっ
てくる」という出来事が，発話時から見た未来（明日）に生起す
ると予測されることが述べられている。

次に過去形の would が生起する (3) を見よう。[2]

(3)　Only a few months later their love <u>would</u> change to
　　hate.（下線は原文）　(Huddleston and Pullum (2002: 197))
　　（わずか数ヶ月後には彼らの愛は憎悪に変わるものとみられた）

この文では，would が含む時制が過去時制なので，ある過去時が
話題となっており，その過去時において成立した未来予測が述べ
られている。

このように，will に伴う未来性は内在的語彙特性としてのモ
ダリティに由来するものである。これを踏まえて，いくつかの具

_____

[2]　ただし would のこのような使用はまれである。Huddleston and Pullum
(2002: 198) は 'This use of *would* is restricted to narrative and similar
genres.' と述べている。

第13章　学習英文法と時制の概念をめぐって　　221

体的現象をあげて，will が現在時制を含む現在形であり，（仮定法ではない）would は過去時制を含む過去形であることを見てゆく。

2.2.2.　仮定法

　下記の2つの条件文を見よう。

(4) a.　If you miss class tomorrow, you will not hear Professor Grant's elucidation of Hugo's metaphors.

(Baker (1995: 553))

（君が明日の授業を欠席するなら，Hugo（ユーゴー）の隠喩表現についての Grant 教授の明快な説明は聞けない）

b.　If you missed class tomorrow, you would not hear Professor Grant's elucidation of Hugo's metaphors.

(ibid.)

（（残念ながら）君が明日の授業を欠席するなら，Hugo の隠喩表現についての Grant 教授の明快な説明は聞けないことになっちゃうね）

2つの文は「明日の授業を欠席すると，Hugo の隠喩表現についての Grant 教授の明快な説明は聞けない」という条件文の内容を，(4a) は直説法を用いて，(4b) は仮定法を用いて表現している。(4a) の直説法の if 節では現在形 miss が用いられているのに対して，(4b) の仮定法の if 節では過去形 missed が用いられている。この対応関係は，「直説法の現在形は仮定法では対応する過去形が用いられる」と一般的に述べることができる。(4a) の主節の will が現在時制を含む現在形であるとすれば，(4b) の

222 第 III 部 冠詞と時制

主節で過去形の would が生起することはこの一般化で説明する
ことができる。これに対して，will が未来時制であるとするな
らば，「未来時制の現在形 will には未来時制の過去形 would を
用いる」と言わなければならない。「未来時制の現在形」や「未来
時制の過去形」という用語は，明らかに矛盾したものであり，学
習者にとって理解しやすいものとはいいがたい。will が現在時
制を含む現在形であると考えるならば，このような矛盾した用語
の使用を避けることができる。[3]

2.2.3. 時制の一致

英語には時制の一致と呼ばれる現象が存在する。時制の一致を
示す文 (5) には，(6a) に対応する解釈と (6b) に対応する解釈
が存在する (cf. Enç (1987, 2004)，Kaneko (2014)，金子 (2016,
2017))。(a) の解釈では，花子が大学生である過去時は太郎が発
言した過去時と同時である。(7b) の解釈では，花子が大学生で
ある過去時は太郎が発言した過去時からさらに遡った過去時であ
る。

(5)　Taro said that Hanako was a college student.

(6) a.　Taro said, "Hanako is a college student."
　　　（「花子は大学生だ」と太郎は言った）

　　b.　Taro said, "Hanako was a college student."
　　　（「花子は大学生だった」と太郎は言った）

---

[3] (4b) の主節の仮定法過去の would の時制については金子 (2008, 2009)
を参照。

（6a）の解釈は同時（simultaneous）読み，（6b）の解釈は後方転位（back-shifted）読みと呼ばれる。[4]

下記（7）では，will の過去形 would が時制の一致の環境に生起している。

(7) John said he would help.　　（Freidin（2012: 259, note 3））

(8) a. John said, "I will help."　　　　　　　　（ibid.）

（John は，「手助けするつもりだ」と言った）

b. John said, "I would help."　　　　　　　（ibid.）

（John は，「手助けするつもりだった」と言った）

Freidin（2012: 259, note3）によれば，（7）は多義的であり，（8a）の同時読みと（8b）の後方転移読みの2つの解釈が存在する。（8a）の解釈では，John が発言した過去時における未来予測が述べられているのに対して，（8b）の解釈では，John が発言した過去時からさらに遡った過去時における未来予測が述べられている。

このように，will の過去形 would は，時制の一致の環境で be 動詞の過去形 was と同様の多義性を示しており，このことは would が was と同様に過去時制を担う過去形であると考えるならば自然な帰結として説明することができる。

---

[4] 英語教育における時制の一致の取り扱いについての考察には楠本（2012）がある。学習英文法においては，後方転位読みの場合，従属節で過去完了形を用いるとされるのが通例である。なお，綿貫・ピーターセン（2006: 510）では，従属節で過去形を用いて後方転位読みを持つ場合について言及がある。

2.2.4. 二重接触

時制の一致が生起する環境の補部節に過去時制形ではなく現在時制形が生起する場合がある。従来の学習英文法では時制の一致の例外として扱われてきた現象であるが，言語学研究においては二重接触 (double access) 現象と呼ばれている (cf. Kaneko (2016), 金子 (2017))。

(9) Leo found out that Mary is pregnant.

(Wurmbrand (2014: 412))

(Mary は妊娠しているが，Leo にはそれがわかった)

この文では，Mary の妊娠状態は，Leo がその事実を知った過去時と話者がこの文を発話する発話時点の両方で成り立つと解釈される。

(9) と同一の環境に will が生起する場合も二重接触現象を示す。

(10) Leo found out that Mary will be pregnant.

(Wurmbrand (2014: 412))

(Mary は妊娠するだろうが，Leo にはそれがわかった)

(10) では，未来時にメアリーが妊娠状態にあるとする予測が，レオがそのことを知った過去時と (10) の発話時の両方で成り立つことが述べられている。

現在形 will が be 動詞の現在形 is と同じく二重接触現象を示すことは，will が現在時制を担う現在形であるとするなら自然な帰結として説明することができる。

3. 学習英文法における定形節と非定形節

3.1. 学習英文法における非定形節

　時制と密接に関わる概念として定形（finite）・非定形（non-finite）の区別がある。概略，動詞に現在時制・過去時制の区別が現れるならば定形動詞であり，その区別が現れないならば非定形動詞である。不定詞，分詞，動名詞は非定形動詞である。定形動詞を含む節（主節や that 節など）を定形節，定形動詞を含まない節（不定詞節や動名詞節など）を非定形節と呼ぶ。言語学研究に基づく文法書では，包括的文法書の Quirk et al. (1985) や Huddleston and Pullum (2002) のみならず，学習英文法書の Huddleston and Pullum (2005) や Aarts (2011) でも定形節と並んで非定形節の概念が用いられている。（Ø は非顕在的主語を表す。）

(11) a. [clause Ø To make moral judgement] is to be judgmental.　　　　　　　　　　　　　　(Aarts (2011: 204))

　　　（道徳上の判断を下すというのは頭ごなしになりがちである）

　　b. [clause Ø Getting aid through] is a nightmare.

　　　　　　　　　　　　　　　　　　　(Aarts (2011: 221))

　　　（救援物資を首尾良く届けるのは実にやっかいだ）

　　c. [clause Ø Dressed in civilian clothes] they gave the impression of being members of a rabble army.

　　　　　　　　　　　　　　　　　　　(Aarts (2011: 234))

　　　（平服を着ていると，彼らは民衆軍隊の一員である印象を与えた）

226　第 III 部　冠詞と時制

　これに対して日本の学習英文法では，定形節のみが節と見なされ，非定形節は句と見なされる。たとえば，綿貫・ピーターセン（2006）は太字の非定形節を句として分類している。[5]（和訳は綿貫・ピーターセンによる。）

(12)　a.　**To die** is to sleep.（名詞句）

（綿貫・ピーターセン（2006: 18））

（死ぬことは眠ることである）

　　　b.　They stopped **talking to each other**.（名詞句）(ibid.)

（彼らはお互いに話をするのをやめた）

　　　c.　**Being ill**, she had to stay in bed.（副詞句）

（綿貫・ピーターセン（2006: 19））

（病気なので，彼女は寝ていなければならなかった）

文部科学省（2009）でも，非定形節は節として扱われていない。

　以下では，不定詞節による疑問節と関係節を例として，英語学習上の観点から，非定形節を認めるべきであることを論ずる。[6]

3.2.　節としての非定形節

3.2.1.　不定詞疑問節

　(13) のような定形節の間接疑問節と並んで，(14) のような不定詞を用いた間接疑問節が存在する。

---

　[5]　中村（2009）は非定形節を節として扱っている。なお，学習英文法における「名詞句」，「副詞句」などの用語の問題点については金子（2013）を参照。

　[6]　より包括的な議論としては金子（2013）を参照。

（13）　She didn't know [whether he would come].

(Aarts (2013: 56))

（彼が来るのかどうか彼女は知らなかった）

（14）　I don't know [whether to laugh or cry at his jokes].

(ibid.)

（彼の冗談に笑うべきか泣くべきか私にはわからない）

Aarts (2013: 56) は，生成文法の標準的分析に従い，（14）の括弧の部分を補文標識 whether に導かれる非定形従属節としている。それに対して，日本の学習英文法では，to 不定詞の名詞用法であり，名詞句とされる。しかし，学習英文法でも whether は従属節を導く接続詞とされる（たとえば綿貫・ピーターセン（2006: 116））ので，（14）の括弧の部分は節（名詞節）とみなしてしかるべきである。

　さらに，不定詞疑問節を認め，（13）と（14）の括弧の部分を共に疑問節とするなら，主節動詞 know の選択特性について，「疑問節を目的語とすることができる」と統一的に述べることができる。

3.2.2.　不定詞関係節

　不定詞表現が名詞を修飾する場合がある。

（15）　The point the Tories seem to be making is that anything is better than going to the sort of university that most graduates go to, and if you can't go to Oxford or Cambridge the best thing [$_{clause}$ Ø to do _] is not to go anywhere.　(Aarts (2011: 199))

228 第 III 部 冠詞と時制

（大概の学生が通うたぐいの大学には行かないほうがましであり，Oxford 大か Cambridge 大に行けないなら，なすべき最善のことはどこにも行かないことだ，というのが保守党の本音らしい）

(16) ... the best thing [clause for you to do] ...   (ibid.)
（あなたがなすべき最善のこと）

(17) Words are still the best weapons [with which to come to terms with ageing, and what Beckett calls "failing better"].   （括弧は筆者）
<https://www.theguardian.com/books/2017/aug/13/every-third-thought-robert-mccrum-extract-death>
（言葉は，年をとることや Beckett の言う「次はもっとうまく失敗すること」と折り合いをつけるのに使える最善の武器である）

これらの表現は，日本の学習英文法では不定詞の形容詞用法であり，形容詞句とされる。しかし，これらの括弧の部分を to 不定詞による関係節であると考えるならば，①これらの例の to 不定詞の動詞句内に空所が存在する，②（16）のように主語が for を伴って顕在的に生起することがある，③（17）のように前置詞を伴って関係詞が生起することがある，などの現象は，関係節の共通特性として定形関係節と統一的に説明することができる。

3.3. 学習英文法に非定形節を導入するために

3.2 節で，学習英文法に不定詞節の概念を導入すべき根拠を論じた。学習英文法に不定詞節の概念を導入するには，少なくとも

第 13 章　学習英文法と時制の概念をめぐって　　229

以下の 3 点を認める必要がある。第 1 に，定形時制が生起する
もののみを節とみなす制限を破棄することが必要である。第 2
に，顕在的主語が生起しないことも節とみなさない要因の 1 つ
になっているので，非顕在的主語の存在を認める必要がある。具
体的試みとしては，Aarts (2011) の Ø や中村 (2009) の△によ
る表示をあげることができる。

(18)　[clause What Ø to eat ___ at Christmas] is a difficult
　　　 question.　　　　　　　　　　　　　　　　(Aarts (2011: 204))
　　　（クリスマスに何を食べたら良いのかは難問だ）
(19)　I promise [Sn △ to go].　(Sn = sentence)
　　　　　　　　　　　　　　　　　　　　　　　　　(中村 (2009: 147))
　　　（私は行くことを約束する）

　第 3 に，もともと従属節の主語であったものが主節の要素と
して生起する場合を説明するために，主語への繰り上げと目的語
への繰り上げの考え方を採り入れる必要がある。

(20)　The author$_i$ seems to [clause Ø$_i$ to look on the past with

　　　 a kind of maturity].　　　　　　　　　　　(Aarts (2011: 216))
　　　（著者はいささか成熟して過去を眺めているように思える）
(21)　He intended them$_i$ [clause Ø$_i$ to sell only 50 percent of

　　　 Test matches to satellite television].
　　　　　　　　　　　　　　　　　　　　　　　　(Aarts (2011: 215))
　　　（彼は，彼らに国際試合の 50 パーセントだけを衛星テレビに

230 第Ⅲ部 冠詞と時制

　　売らせるつもりだった)

　以上のように，英語学研究で用いられるいくつかの基本的考え方を採り入れたうえで，節を「主語と述部の叙述関係 (predication) が成り立つ構造上のかたまり (すなわち構成素)」と規定すれば，非定形節の概念を学習英文法に導入することが可能である。[7]

4. むすび

　本稿では，日本の学習英文法における時制の取り扱い考察し，will は法助動詞であり，現在形の will は現在時制を担い，過去形の would は過去時制を担うと考えるべき根拠を指摘した。また，学習英文法に定形節に加えて非定形節の概念を導入する必要があることを論じ，そのために必要となる方策を提示した。

参考文献

Aarts, Bas (2011) *Oxford Modern English Grammar*, Oxford University Press, Oxford.

Aarts, Bas (2013) *English Syntax and Argumentation*, 4th ed., Palgrave Macmillan, Basingstoke.

---

　[7] この定義よれば，Huddleston and Pullum (2005) や Aarts (2011) で無動詞節 (verbless clause) と呼ばれる下記の下線部のような事例も節の概念に含められる。(空の主語 Ø は筆者の加筆。)

　(i)　[While Ø in Boston] I lived with my aunt.

　　　　　　　　　　　　　　　(Huddleston and Pullum (2005: 222))

　　(ボストンにいる間，私は叔母と暮らしていた)

Baker, Carl L. (1995) *English Syntax*, 2nd ed., MIT Press, Cambridge, MA.

Enç, Mürvet (1987) "Anchoring Conditions for Tense," *Lingusitic Inquiry* 18, 633-657.

Enç, Mürvet (2004) "Rethinking Past Tense," *The Syntax of Time*, ed. by Jacqueline Guéron and Jacqueline Lecarme, 203-217, MIT Press, Cambridge, MA.

Freidin, Robert (2012) *Syntax: Basic Concepts and Applications*, Cambridge University Press, Cambridge.

Huddleston, Rodney and Geoffrey K. Pullum (2002) *The Cambridge Grammar of the English Language*, Cambridge University Press, Cambridge.

Huddleston, Rodney and Geoffrey K. Pullum (2005) *A Student's Guide to English Grammar*, Cambridge University Press, Cambridge.

Kaneko, Yoshiaki (2014) "Remarks on Sequence of Tense in English," *Explorations in English Linguistics* 28, 27-55.

Kaneko, Yoshiaki (2016) "Remarks on Double Access Phenomena in English Finite Complement Clauses," *Explorations in English Linguistics* 30, 33-57.

金子義明 (2008)「英語法助動詞の時制解釈について」『東北大学文学研究科研究年報』第 58 号, 29-63.

金子義明 (2009)『英語助動詞システムの諸相――統語論・意味論インターフェース研究』開拓社, 東京.

金子義明 (2013)「学習英文法の新たな枠組みの構築に向けて」『文化』第 17 巻 1・2 号, 13-25.

金子義明 (2016)「単純時制と反個別事象解釈制約について」『現代言語学を知る 26 考』, 菊地朗・秋孝道・鈴木亨・富澤直人・山岸達弥・北田伸一 (編), 57 68, 研究社, 東京.

金子義明 (2017)「時制の一致と二重接触における「最後の手段」について」『言語をめぐる X 章――言語を考える, 言語を教える, 言語で考える』, 河正一・島田雅晴・金井勇人・仁科弘之 (編), 73-87, 埼玉大学教養部・人文社会科学研究科.

楠本紀代美 (2012)「時制の一致現象と埋め込み文の時制解釈」『最新言

語理論を英語教育に活用する』，藤田耕司・松本マスミ・児玉一宏・谷口一美（編），290-299，開拓社，東京.

宮川幸久・林龍次郎（編）(2010)『要点解明アルファ英文法』研究社，東京.

文部科学省（2009)「高等学校学習指導要領解説　外国語編　英語編」URL:http://www.mext.go.jp/component/a_menu/education/micro_detail/__icsFiles/afieldfile/2010/01/29/1282000_9.pdf

中村捷（2009)『実例解説英文法』開拓社，東京.

Quirk, Randolph, Sidney Greenbaum, Geoffrey Leech and Jan Svartvik (1985) *A Comprehensive Grammar of the English Language*, Longman, London.

杉山忠一（1998)『英文法詳説』学習研究社，東京.

綿貫陽・宮川幸久・須貝猛敏・高松尚久・マーク・ピーターセン（2000)『徹底例解ロイヤル英文法　改訂新版』旺文社，東京.

綿貫陽・マーク・ピーターセン（2006)『表現のための実践ロイヤル英文法』旺文社，東京.

Wurmbrand, Susi (2014) "Tense and Aspect in English Infinitives," *Linguistic Inquiry* 45, 403-447.

山田正義（2009)「未来表現の指導に関する一考察」『神戸山手大学紀要』第11号，211-223.

第 14 章

時制の一致の現象を探る*

千葉　修司

（津田塾大学名誉教授）

1.　はじめに

英語学習者が習得するのに困難を覚えることのある文法事項の
1 つとして，時制（tense）に関する問題を取り上げることができ
る。特に，時制を表す文法的形態素 Present と Past が，文の意
味内容の上に反映される「現在」「過去」など時（time）の概念と
必ずしも一致しないことがあるということに注意しなければなら
ない。たとえば，下記例文の下線部の過去形動詞は，いずれも形
態的には "Verb + Past" と分析できるが，意味内容の上からは，
ある過去の時点における出来事（だけ）を表すというように解釈
することはできない。すなわち，そこに挙げた日本語訳からもう
かがわれるように，下記例文（1a, b）は，過去・現在に限定され

---

* この小論は千葉（2018）の一部を紹介する形のものになっている。小論
の原稿に丁寧に目を通し，貴重なコメントをくださった査読者の方々にお礼
を申し上げたい。ただし，どこか不備な点が残っているとすれば，それはす
べて筆者自身の責任である。

234 第 III 部 冠詞と時制

ない一般的真理を表す諺の1つとして解釈でき，また (2a, b)
(Swan (2005: 426)) は，相手の現在の気持ちを丁寧に尋ねたり，
自分の現在の意向を相手に丁寧に伝えたいときの言語表現として
解釈できるからである。

(1) a.　Men were deceivers ever.

　　　　（男心は変わりやすいが常だ）

　　b.　Faint heart never won fair lady.

　　　　（弱気が美人を得たためしはない）

(2) a.　Did you wish to see me now?

　　b.　I was hoping we could have dinner together.

　同じように時制上の問題を含んだ別の用法の例として，次のよ
うなものがある。

(3)　 "What day were you going to Bristol?" or "Was it on
　　　Thursday or Friday you were going to Bristol?" (=
　　　What day did you say you were ...)

(Jespersen (1931: 155))

　上記例文 (3) においては，表面上，過去形動詞 were/was が
用いられているが，これは，これからの予定として起こることを
過去形で表す用法の1つである。この場合は，相手が今後の予
定として一度述べた事柄に対し，それを聞き直す場面で用いてい
るが，日本語にも，「大阪にいらっしゃるのはいつでしたっけ」
のように，同じような用法がある。

第 14 章　時制の一致の現象を探る　　235

2.　時制の一致

　上で見たように，表面上は過去時制が現れているのに，文字ど
おり過去の事柄を表すわけではないということを示す別の例とし
て，「時制の一致」の現象を取り上げることができる。たとえば，
(4a) のような直接話法の文は，(4b) のような間接話法の文で表
すときには，従属節の動詞は，たとえ意味解釈の上では，日本語
のように現在形を用いるのが自然だと思われる場合でも，英語で
は，時制の一致の働きにより，主節動詞の過去時制に合わせた形
にする。

> (4) a.　"I am glad to see you."
>
> 　　 b.　He said that he <u>was</u> glad to see me.
>
> 　　　　（私に会えて<u>うれしい</u>と彼は言った）

　すなわち，このような場合，英語では従属節の動詞が，現在形
を過去形に移し替えた「見かけ上の過去形」となっているという
ことができる。日本語の「私に会えて<u>うれしかった</u>と彼は<u>言った</u>」
のように，意味の上で過去のことを言う場合は，英語では，"He
said that he <u>had been</u> glad to see me." のように，過去時制をも
う 1 つ後ろ向きに移動させた過去完了形を用いることがある。
ただし，例文 (4b) のように，過去形動詞のままで，過去完了形
を用いた場合と同じ意味を表すことができるとする英語の母語話
者もいるので，そのような場合，例文 (4b) の従属節の部分は，
直接話法の文 "I <u>am/was</u> glad to see you." のような，現在・過
去両方の意味解釈を許す曖昧文であることになる。
　このような場合，直接話法の文の現在形動詞に相当する意味解

236　第Ⅲ部　冠詞と時制

釈（(4b) であれば 'I am glad to see you'）を「同時読み (simultaneous reading)」といい，過去形動詞に相当する意味解釈（同 'I was glad to see you'）を「後方転移読み (back-shifted reading)」という。

3.　時制の一致と「状態動詞」

　上で説明した同時読みが可能となるような従属節は，一般的に「状態を表す」という意味特徴を持っているということを指摘することができる。すなわち，(4b) の was glad to see me や下記例文 (5a, b) の下線部の述部は，いずれも状態を表すので，その過去時制は，時制の一致により，主節の動詞の持つ過去時制に合わせた「見かけ上の過去形」としての解釈が可能となる。したがって，たとえば (5a) の文は，(5a-i) のような後方転移読みだけでなく，(5a-ii) のような同時読みも可能となる。

(5) a.　I heard that Sally was in London.

(i)　I heard, "Sally was in London."

(ii)　I heard, "Sally is in London."

b.　You knew that I was upset about the results.

　いっぽう，次のような例文 (Enç(1987: 634)) の場合には，従属節が状態を表すものになっていないので，同時読みの解釈は許されず，後方転移読み（すなわち，過去完了に相当する意味解釈）だけが可能となる。つまり，下記例文 (6a-c) における下線部の述部動詞は，時制の一致により得られた「見かけ上の過去形」ではなく，文字どおりの過去形（もともとからの過去形）として解

釈されることになる。

(6) a. Mary found out that John failed the test.

    (= Mary found out that John had failed the test.)

   b. The gardener said that the roses died.

    (= The gardener said that the roses had died.)

   c. Sally thought that John drank the beer.

    (= Sally thought that John had drunk the beer.)

　したがって，たとえば (6a) の場合，日本語の「メアリーは
ジョンがその試験に失敗したことを知った」と同じような過去時
制の用い方になっているので，(6a-c) のような文は学習者にとっ
て，(5a, b) のような文の場合と比べて，それだけ理解しやすい
種類の文であると言えるであろう。

4. 時制の一致の作用方向

　時制の一致の規則は，常に左から右方向に働くとは限らず，次
の例文に見るように，右から左方向に働くこともある。

(7) a. [That the sun was out] was obvious.

   b. [That it was Saturday] made no difference to Bob-
    by.

(7a, b) の文では，主語の部分が that 節となっていて，その中の
過去形動詞 was は，主節の過去形動詞 was, made に合わせた見
かけ上の過去形となっている。したがって，that 節の部分の日本
語訳としては，「太陽が出ている」「その日が土曜日である」のよ

うに，英語の過去形動詞を現在形動詞に戻したようなものを考える必要がある。つまり，(7a, b) のような場合は，時制の一致が右から左方向へと働いていることになる。

このように，時制の一致の作用方向は左から右方向に働くとは限らず，重要なのは，主節の過去形動詞から（1つ下の）従属節の動詞へと時制がコピーされる（リンクされる）規則であるという点である。[1] このことより，Ross (1986: 198) のあげている下記例文 (8) に見るような言語事実も理解できるであろう（構造表示は，便宜上，筆者が付したものである）。

(8) [$_{S1}$ That I believed [$_{S2}$ that the sun was out]] is/was obvious.

まず，例文 (8) において，主節の動詞 is は現在形なので，そこから動詞 believed や was に向かって時制の一致が作用することはないということが言える。次に，従属節 S1 は，その下の従

---

[1] 時制の一致の規則には，「1つ下の従属節」という条件が必要だということとは，次のような言語事実（Hornstein (1990: 137)）からも理解できるであろう。

(i) a. *John said that Harry believes that Frank would be here.
     b. John said that Harry believed that Frank would be here.
     c. John said that Harry believed that Frank will be here.

すなわち，例文 (ib, c) の場合は，この条件に従った形で時制の一致が作用しているのに対し，例文 (ia) の場合は，主節の過去時制が，中間の従属節を飛び越す形で，さらにその下の従属節へと受け継がれたように見える文であり，したがって，この条件を満たしていないため非文法的文となっていると説明されることになる。（なお，例文 (ic) の2つ目の that 節において，時制の一致に従わない will be が用いられているのは，第5節で解説することになる「独立読み」の用法の1つである。）

属節 S2 から見れば，構造上主節の立場にあると言えるので，それぞれの節の動詞 believed と was の間には，時制の一致の関係が成り立つと言える。いっぽう，従属節の中の動詞 believed や was から主節の動詞 is に向かって時制の一致を作用させることはできないので，動詞 is は過去時制に合わせる必要はなく，is のままでよいということもわかるであろう。さらに，主節の動詞として was を選んだ場合は，その動詞から動詞 believed（を経てさらに was）へと時制の一致が作用する結果，そのような過去形動詞の姿が生ずることも説明できることになる。

5. 時制の一致の例外

　よく知られているように，時制の一致の現象には，例外のように見える場合がある。すなわち，次の例文 (9a, b), (10a, b) に見るように，従属節の部分の内容が，普遍的真理を表す場合や，現時点でも変わらない習慣・性質・事実などを述べていると判断される場合である。

(9) a. We learnt at school that 2 and 2 is 4.

　　b. The ancients did not know that Africa is an island.

(10) a. John said that Mary is pregnant.

　　b. Julia testified that her husband is insane.

　このような場合，注意しなければならないことがある。それは，これらの例文に対する日本語訳として，たとえば，例文 (10a) に対して，時制の一致の見られる下記例文 (11) に与えるのと同じような訳，すなわち「メアリーは妊娠しているとジョン

240   第 III 部　冠詞と時制

は言った」を当てはめるだけで事足れりとすることにより，これ
らの例文の持つ重要な機能を見逃す恐れがあるということであ
る。

　(11)　John said that Mary was pregnant.

　これら例文の持つ重要な機能というのは，次のような事柄を指
す。まず，上記二つの例文 (10a)，(11) に見られる意味の違いに
ついて述べておこう。時制の一致の見られる (11) の場合には，
上ですでに触れたように，ジョンの発話内容が "Mary is preg-
nant."（同時読み）だったのか，それとも "Mary was pregnant."
（後方転移読み）だったのか，いずれの解釈なのかを読み手（聞
き手）は決めかねるという意味において曖昧文となる。それに対
して，(10a) の場合は，この 1 つの文の中に「メアリーが妊娠し
ているとジョンが言った」という解釈と，「メアリーは今妊娠中
だ」という解釈の両方の意味情報を同時に盛り込んだ文としてこ
の文が発話されていると言える。したがって，そういう意味にお
いては，例文 (10) のような文は曖昧文ではないことになる。
　例文 (10a) が示す特異な点は，Mary is pregnant の部分が「二
回にわたって（意味解釈のために）利用されている」という点で
ある。すなわち，その部分が，まず主節の部分と結びつけて解釈
される，つまり，ジョンの発話内容を伝える部分として解釈され
るだけでなく，主節とは独立して，この文の話し手自身による発
話内容の一部としても解釈されるという意味において，Mary is
pregnant の部分は，二回にわたって，この文全体の意味解釈の
ために利用されていると言うことができる。このような「二重ア
クセス（double-access）」による解釈・読みのことを「二重アク

セス読み（double access reading, DAR）」と言う。また，話し手自身による情報としての解釈のことを「独立読み（independent reading）」と言う。したがって，二重アクセス読みのできる例文（10a）のような文は，「メアリーが妊娠している」という事実が，単にジョンがそのことを告げた過去の時点において成り立つだけでなく，この文の発話時点においても成り立つということをこの文の発話者が示そうとして用いた文であるということになる。[2]

上記例文（9），（10）のような文の場合には，一般的に上で説明したような特徴が見られるので，たとえば，例文（10a）の日本語訳としては，「メアリーは妊娠しているとジョンは言ったが，実際，彼女は今，妊娠中です」のようにするのがよいということ

---

[2] 注1の例文（ic）における that Frank will be here の場合は，「フランクがここにいるだろう」という未来に起こる事柄が，この文の発話時点である現在においても依然として成り立つということを表していることになる。それに対し，（1b）のほうは，（1c）と同じような意味を表すこともあるが，一方では，（1c）とは異なり，発話時点である現在においてすでに「フランクがここにいる」という状況が実現し終わって，過去のことになっているというような意味内容を表すことも可能である。

なお，二重アクセス読みの可能な文の場合でも，下記例文（i）（Declerck and Tanaka（1996: 287））が示すように，文脈によっては，独立読みの解釈が発話者自身によって否定されることもありうる。

(i) Last week John said that Mary is pregnant. Actually, he was wrong. Mary has just been overeating for the last three months.

そのような場合，独立読みの解釈は，発話者の意見ではなく，文中の主語（この場合は John）の意見や立場を表すことになる。

また，本文にあげた例文（9），（10）のように，主節の時制が過去で，従属節の時制が現在となっている文が，のちほど取り上げる例文（12a, b）のように，内容次第により，実際には語用論的に不自然な文となることがある。また，主節の述語動詞の種類によっても，不自然な文となることがある。詳しくは千葉（2018）参照。

242 第 III 部 冠詞と時制

になる。

このように，日本語の文「彼女は妊娠しているとジョンは（過去のある時点で）言った」の場合は，必ずしも明示的な形で表されていない「現在（も）彼女は妊娠している」という意味解釈が英語の文の場合には含まれているということを知るのは，大変興味深いと思われる。日本語では，このような場合，上に示したように，追加的コメントとして，いわば二段構えのような格好で相手に伝えることになるであろう。これは，日英語の比較の観点から見ても，興味深い現象であると言えるであろう。

上で説明したような二重読みのことがいったん理解できれば，上記例文 (9a, b) のように，ふつう時制の一致の例外として取り上げられることの多い例文の場合も，実は，二重アクセス読みの可能な文の 1 つであり，したがって，そこから従属節の解釈として，「現在でもそのことが真実として成り立つ」というような独立読みとしての二つ目の解釈が得られることになるというように，英語の用法に則したとらえ方ができるようになるであろう。

なお，時制の一致の例外とされる場合でも，従属節の現在形動詞を時制の一致の規則に従って過去形動詞で表すこと自体は一般的に許される（ただし，その場合は，二重読みの解釈はできないことになる）ということにも注意したい。私たち英語学習者にとって習得が難しいのは，むしろ次の例文 (Declerck and Tanaka (1996: 288, fn. 6)) のような場合であろう。

(12) a.　Didn't you know I had come/*have come?
　　 b.　They told me you were/*are here.

このような例文の場合，現在形動詞を用いた独立読みが可能で

はないかと私たちには思われるのであるが，実際は，時制の一致に従った過去形動詞が要求されるというのが英語の事実である。（例文（12a, b）の場合を含め，一般的に独立読みが許されないのはどのような場合であるかについて，詳しくは Declerck and Tanaka (1996) および千葉 (2018) 参照。）

6.　関係節と補文の場合の違い

　この節では，「時の一致」に関して見られる関係節と補文の場合の違いについて考えて見たい。まず，Abusch (1988: 1) のあげている下記例文（13）に見るように，一般的に，関係節の中の過去形動詞で表されている出来事と，主節の中のそれとの時間的関係は，どちらの出来事が前か，同時か，それとも後に起こった事柄であるかに関し，そのいずれの関係も成り立つと言える。

(13)　We spoke to the man who was crying.

　すなわち，「その男に語りかけた」を仮に A とし，「泣いていた」を B とすれば，その A，B 2 つの出来事の起こった時間的順序として，A＜B，A＝B，A＞B のような 3 つの異なる組み合わせがともに可能となる。この文の持つ意味解釈として，特にA＜B の可能性，すなわち「その男が泣いていた」のは，我々がその男に話しかけたその後に生じた出来事の可能性があるということに注意したい。このことは，Abusch (1988: 3) が言うように，関係節が従属節というより独立節のような振る舞いを示す性

244 第Ⅲ部 冠詞と時制

質があることから生じると考えられる。[3]

　一方，このような関係節の場合と比べると，補文の場合には，時の解釈に関し，より強い制限が働いていると言える。たとえば，下記例文について言うと，

(14)　John said that Mary was pregnant.　(＝(11))

これが同時読みと後方転移読みのいずれの解釈も可能な曖昧文であるということについては，上ですでに説明したとおりである。ただし，3つ目の解釈として，Mary's pregnancy が John's saying time より後で，しかも，この文の発話時点である現在より前の出来事を表すような読みは許されない。すなわち，ジョンが（予言者のように），この文の発話時点となる現在のことを前もって予測し，「（その時までには）メアリーは妊娠していることであろう」と言った，のような解釈はできないということである。[4]

7.　仮定法に見られる時制の一致

　主節の動詞が仮定法過去になっている場合，下記例文 (15a) (Curme (1931: 355)) のような文をもとに，時制の一致に従わな

---

[3] このような性質を持った関係節のことを河野 (2012) は「非制限的な制限的関係節」と呼んでいる。詳しい解説については，河野 (2012: Chs. 3-4) 参照。

[4] もしそのような解釈が許されるとしたら，下記例文 (i) (Higginbotham (2009: 84)) のような文が文法的文となるということが考えられるが，実際には，この文は非文法的文である。

(i) *Two years ago, Gianni said that Maria was ill last year.

cf.　Two years ago, Gianni saw a woman who was ill last year.

いと説明することもあるが，実際には，(15b, c) (Jespersen (1931: 157)) および (16) に見るように，時制の一致の現象が見られることも多いというのが事実のようである (千葉 (2013: 8f.) 参照)。

(15) a. I should say that this book meets your require-
ments.

b. Does it lead to anything? I should say it did!
(そんなことして，何かいいことあるかね。ええ，あります
とも)

c. If we went, people would think we were mad.

(16) Dugwood: What would you say if I told you I didn't
want to do any chores around the house
this weekend?
(この週末は家の周りの仕事はいっさいしたくな
いと僕が言ったとしたら，どう言うだろうね，
君は)

Blondie: I'd say you were in the wrong house.
(どこかいる家まちがってるんじゃないの，と言い
たいわね)

(漫画 "Blondie" by Dean Young and Stan Drake, *The Daily
Yomiuri*, 15 July 2000, p. 17)

仮定法過去の構文においては，主節および従属節を修飾するさらに内部の従属節の動詞を，たとえ意味内容の上からは現在あるいは未来のことを表しているような場合でも，次の例文のように，これを過去形で表すことが多く見られる。

246　第 III 部　冠詞と時制

(17) a. If we measured adult sentences with a ruler, we would find in most cases [that the length before the verb was short and the length after the verb was long].

b. If Japanese students were supposed to study English [so that they developed competence in English], then such study should begin much earlier than it does.

このような仮定法に見られる時制の一致の現象を，千葉 (2013) は特に「仮定法の伝播」と呼んでいる。詳しくは千葉 (2013, 2018) 参照。[5]

8.　まとめ

以上，時制と時の間に見られる一種の「ずれ」の現象について，

---

[5] 時制の一致の見られる仮定法過去の文の例として，下記例文 (i) (Abusch (1988: 2)，Ogihara (1996: 91)) のような興味深いものも指摘されている。

(i) John decided a week ago that in ten days at breakfast he would say to his mother that they were having their last meal together.

（10 日後には，朝食の席で母に次のように言おうと今から 1 週間前にジョンは心に決めていた。「これが母さんと一緒にする最後の食事になりますね」と）

この文は，主節の過去形時制がその下の従属節を経て，さらにその下の従属節へと受け継がれた結果，これからの予定として未来の事柄を表す "we are having" の部分が，見かけ上の過去形動詞で表現されることになるという，英語の時制の一致の特徴を顕著に表していると言えるであろう。（上の例文において，were having の部分を are having や will be having のようにすることはできないことに注意。）

時制の一致の文法規則を中心に考察してみた。時制の一致の現象は，言語に広く見られる転写規則（copying rule）の一種であるとみなすことができるが，調べてみると，思った以上に奥の深い複雑な現象であることがわかる。英語の母語話者の心の中に存在する文法の内部に，時制の一致に関するこのように複雑で興味深い世界が潜んでいるのを知るのは，普段，無意識のうちに文法のおかげを被って言語生活をしている私たちにとって，大きな驚きでもある。英文法の中の時制の一致に関わる言語知識の全体像を捉えるには，まだ時間がかかるとしても，少なくとも，その中の中核的部分の知識だけでもしっかりと身につけ，英語の読み書き，また話す能力を高めていきたいものである。[6]

参考文献

Abusch, Dorit (1988) "Sequence of Tense, Intensionality and Scope," *Proceedings of the 7th West Coast Conference on Formal Linguistics*, ed. by Hagit Borer, 1-14, CSLI Publications, Stanford.

千葉修司 (2013)『英語の仮定法—仮定法現在を中心に』（開拓社叢書23），開拓社，東京.

千葉修司 (2018)『英語の時制の一致—時制の一致と「仮定法の伝播」—』（開拓社叢書32），開拓社，東京.

---

[6] 楠本 (2012: 298) は，英語教育の現場で時制の一致の規則を「書き換えの問題として導入するのではなく，与えられた英語文の出来事の発生時間と発話時の関係や複数の出来事の発生時間どうしの関係という意味解釈の問題としてとらえたほうがよいのではないか」という提案をしているが，傾聴に値する提言であると思われる。

なお，この小論で取り上げた時制の一致の現象について，さらに詳しい解説および関連するデータについては千葉 (2018) 参照。

Curme, George O. (1931) *Syntax*, D. C. Heath and Co., Boston.

Declerck, Renaat and Kazuhiko Tanaka (1996) "Constraints on Tense Choice in Reported Speech," *Studia Linguistica* 50, 283–301.

Enç, Mürvet (1987) "Anchoring Conditions for Tense," *Linguistic Inquiry* 18, 633–657.

Higginbotham, James (2009) *Tense, Aspect, and Indexicality*, Oxford University Press, Oxford.

Hornstein, Norbert (1990) *As Time Goes By: Tense and Universal Grammar*, MIT Press, Cambridge, MA.

Jespersen, Otto (1931) *A Modern English Grammar on Historical Principles*. Part IV, Carl Winters, Universitätsbuchhandlung, Heidelberg.

河野継代 (2012)『英語の関係節』(開拓社叢書 21), 開拓社, 東京.

楠本紀代美 (2012)「時制の一致現象と埋め込み文の時制解釈」『最新言語理論を英語教育に活用する』, 藤田耕司・松本マスミ・児玉一宏・谷口一美 (編), 290–299, 開拓社, 東京.

Ogihara, Toshiyuki (1996) *Tense, Attitudes, and Scope*, Kluwer, Dordrecht.

Ross, John R. (1986) *Infinite Syntax!*, Ablex, Norwood, NJ.

Swan, Michael (2005) *Practical English Usage*, 3rd ed., Oxford University Press, Oxford.

第 IV 部

日本語との対照

第 15 章

英語と日本語のアクセント

窪薗　晴夫

(国立国語研究所)

1.　はじめに

　日本語と英語はともに語アクセント（以下「アクセント」）を持つことが知られている。アクセントとはそれぞれの語をどのようなメリハリで発音するかという言語特徴であり，そのメリハリによって語のまとまりを表そうとする。そのメリハリをどのようにつけるかによって日英語は異なっており，日本語は音の高低（ピッチ）でメリハリをつける「高さアクセント」（別名，高低アクセント，ピッチアクセント）を，英語は強弱でメリハリをつける「強さアクセント」（強弱アクセント，ストレスアクセント）を持つと言われている。

　ここまでは英語学や言語学の教科書に載っていることであるが，両者の間にどのような異同があるかということは詳しく記述されていない。中学校や高校の教科書も同様であり，アクセント

に関する記述は極めて限られている。[1]

　本稿では，(i) 高さアクセントと強さアクセントというアクセントの性格の違いがどのような言語現象の違いとなって現れるか，(ii) 日英語のアクセント規則にどのような異同が見られるか，以上の 2 つの観点から日英語の異同を探り，英語教育に新たな話題を提供する。

2.　アクセントの性格

2.1.　高さアクセントと強さアクセント

　日本語（東京方言，標準語）のアクセントは高低の配置によって決定されており，たとえばバナナという外来語は語頭のバの直後にピッチの下降が生じる。表層の型は〔高低低〕と記述されるが，音韻分析では (1) のように表記されることが多い。

　　(1)　バ￢ナナ (ba'nana)，ワシ￢ントン (wasi'nton)

/￢/ や /'/ はアクセント核（あるいは単に「アクセント」）と呼ばれるもので，ピッチが急速に下降する位置を表す。言語音を規定する物理的特性は高さ (pitch)，強さ (intensity)，長さ (duration)，音質（または音色，quality）の 4 つであるが，日本語のアクセントはこの中で「高さ」だけの指定を持つことから「高さアクセント」と呼ばれている。この高さの指定は語彙レベルで決

---

[1] たとえば開拓社の高校英語教科書 *On Air English Communication I, II*（コミュニケーション英語 I, II）で，アクセントが授業の目標に掲げられているのは II の 1 単元だけである。他社の教科書も同様であろう。

252　第 IV 部　日本語との対照

定されており，平叙文や疑問文というように文のタイプが変わっても原則変わることはない。

　一方，英語のほうは「強さアクセント」と呼ばれているが，これはやや誤解を招く表現である。上記の 4 つの物理特性のうち「強さ」だけに依存しているような印象を与えるが，実際には長さや音質も大きく関与していることが実証されている（Beckman (1986)）。ただピッチはあまり利用しておらず，そのため (2) のような語が平叙文として発話されるか疑問文として発話されるかによって，ピッチパターンが大きく変わってくる。たとえば It's a banana. と Is it a banana? とでは，同じ banana のピッチパターンが大きく異なる。語のレベルではピッチの特徴が指定されていないことを示唆している。

　(2)　banána（baˈnana），Wáshington（ˈWashington）

　「高さアクセント」か「強さアクセント」かという違いは日英語間にさまざまな違いを作りだしている。その 1 つは，よく指摘されるあいまい母音（シュワー，schwa）[ə] の有無である。日本語の 5 母音はアクセントの型によらず明瞭な音質を持っており，互いに混同されることはまれであるが，英語の母音は強勢がない音節で際立った弱化を示す。たとえば Japan [dʒəpæn] の 2 つの母音は日本語話者には同じ「ア」に聞こえても，実際の音質は大きく異なる。強勢がない音節は弱く，かつ短く発音されるため，音質があいまいになってしまうのである。

2.2.　高さアクセントの特徴

　「高さアクセント」と「強さアクセント」が示す 2 つ目の違い

第 15 章　英語と日本語のアクセント　　253

は，方言差の過多である。日本語のように音の高低で語のメリハリを示そうとする言語は，アクセントの地域差が大きい。たとえば東京（標準語），大阪（近畿方言），鹿児島（鹿児島方言）の 3 地点を比較しただけで (3) のような方言差が観察される（太字は高く発音される部分を表す）。日本語に入ってまだ半世紀しか経たない「マクドナルド」のような語でも方言差が著しい。

(3)	東京	大阪	鹿児島
	こ**んにちは**	こんに**ちは**	こんにちは
	あめ （雨）	あ**め**	あめ
	あ**め** （飴）	**あめ**	あめ
	はし （橋）	はし	はし
	は**し** （箸）	はし	はし
	はし （端）	は**し**	はし
	はる （春）	はる	はる
	なつ （夏）	なつ	**なつ**
	あき （秋）	あき	あき
	ふ**ゆ** （冬）	ふゆ	ふゆ
	くも （雲）	くも	くも
	く**も** （蜘蛛）	くも	くも
	マクドナルド	マクドナルド	マクドナルド

　日本語諸方言のアクセントが 1 つのアクセント体系から派生したという通説に従うと，このような地域差の存在は日本語のアクセントが容易に変化しやすいことを示唆している。これは，日本語のアクセントが歴史的にも大きく変化してきているという事実とも符合する（松森ほか (2012)）。

254   第 IV 部　日本語との対照

　これに対し，英語のアクセントは地域差も少なく安定している。August という語は英語圏のどこに行っても Áugust であり，September は Septémber である。garage（garáge~gárage）や magazine（magazíne~mágazine），automobile（automobíle~áutomobile）といった一部の外来語に地域差が見られるものの（Alexander（1940/1972）），アクセントの型はおおむね安定している。これは通時的にみても同様であり，母音や子音の変化に比べると，アクセントの変化は小さい。

　このような日英語の違いは個別言語間の違いではなく，「ピッチ」に依存するアクセントと「強さ」に依存するアクセントの違いである。その証拠に，両特徴をあわせ持つ希少な言語であるノルウェー語とスウェーデン語は，強勢音節の位置に地域差をほとんど示さないが，その強勢音節に現れるピッチアクセントの型は方言間で異なることが知られている（森（1990））。また，ピッチが音節レベルで弁別的に働く中国語のような声調言語（tone language）でも方言差が大きい（Chen（2000））。文のレベルでピッチを用いる英語のような言語——Pike（1948）の言うイントネーション言語——でも，たとえば疑問文のピッチパターン（イントネーション）が方言間で大きく異なることが知られている（Ladd（1996））。言語一般に，ピッチの特徴は容易に変化し，よって方言差も著しい。これに対し，強さアクセントのように「強さ」に依存する言語特徴は歴史的にも変化しにくく，共時的な地域差も小さいようである。

　「高さアクセント」と「強さアクセント」の3つ目の違いが，いわゆる平板アクセントの有無である。たとえば日本語(標準語)には n 音節の語に n＋1 のアクセント型が許容されるが，この＋

第15章　英語と日本語のアクセント　255

1の部分が平板型と呼ばれる，メリハリのないアクセント型である。たとえば3音節の名詞には次に示す4つのアクセント型が存在する。3音節語であるから，(4a-c) の3つのアクセント型があるのは当然であるが，日本語にはこの3つに加えて，助詞がついてもピッチが下降しない4つ目の型 (4d) が存在する。全体が平坦に発音されるから平板型と呼ばれる特殊な型である。

(4) a.　い￣のちが（**い**のちが）

　　b.　ここ￣ろが（**ここ**ろが）

　　c.　おとこ￣が（**おとこ**が）

　　d.　ねずみが（ね**ずみが**）

　英語のような強さアクセントの言語には，(4d) のようなメリハリのない型は許容されない。3音節語はアクセント（強勢）を担う位置を3つしか持たないから，理論上，(5) のような3つのアクセント型しか存在しえないのである（ドットは音節境界を表す）。

(5) a.　Gér.ma.ny

　　b.　com.pú.ter

　　c.　Jap.a.nése

2.3.　強さアクセントの特徴

　方言差異と平板型アクセントが「高さアクセント」に特徴的に現れるのに対し，「強さアクセント」にしか見られない現象も存在する。音楽に見られる「弱起の曲」と，第2強勢，そしてリズム規則である。

弱起の曲とは，図1aのMy Darling Clementine（いとしのクレメンタイン）のように，不完全な小節から始まる曲を指す。英語にはこのような弱起の曲が少なからず存在するが，日本語の歌にはこのタイプの曲はほとんど見られない。たとえば図1bの雪山賛歌は，図1aの曲の日本語版であるが，日本語に入る過程で弱起の楽譜が，完全な小節で始まる楽譜に変わってしまっている（これとは直接関係しないが，歌の内容も恋人の死を悼む内容から，雪山登山の歌へと変わっている）。

図1 弱起の曲

英語の歌に弱起の曲が珍しくないのは，歌詞に盛り込まれた単語の強勢構造が原因となっている。前置詞のinや冠詞のa, theなどは機能語と呼ばれ，文の中で強勢を受けることがない（無理に強勢を付与すると，強調や対比の意味が生じる）。Japanの第1音節のように，名詞や動詞の中で強勢が置かれない音節も同様である。一方，楽譜の中にも強弱に関する決まりがあり，3拍子であれ4拍子であれ，小節の最初の音に強勢（ビート）が置かれ

る。英語のような強さアクセントの言語では，歌詞の中の強弱と小節の中の強弱が一致しなくてはいけないため，in や a のように強勢を持たない要素は小節の頭に来ることができないのである。

これに対し，日本語のような高さアクセントの言語では，歌詞を構成する単語の中に強弱に関する決まり（指定）がないため，単語のどの音節も小節の初めに立つことができる。単語のアクセントと曲の強弱の間に，相関する要素がないのである。このような言語においては，弱起という特殊な構造を避けて，歌詞の始まりと小節の始まりが一致する図 1b のような構造が好まれる。

かりに Japán（日本）という語で始まる歌があるとすると，英語では図 1a と同じような弱起の楽譜が作られるが，日本語では図 1b のような普通の楽譜が作られることになる。逆の見方をすると，弱起の曲がどのくらい多いかを見れば，その言語が強さアクセントであるかどうかを判断できる。

次に，第 2 強勢（secondary stress）とリズム規則（rhythm rule）は，ともに強さアクセントに依存するリズムの構造から生じる現象である。英語は単語のアクセントを使って文のリズムを作る言語であり，文のレベルの強弱がほぼ等間隔に繰り返す構造——強勢拍リズム（stress-timed rhythm）——を有する（Abercrombie (1967)）。つまり，単語の強弱がもとになって文の強弱リズムが作られる。強勢が等間隔に現れることを目指すリズムであるから，強勢音節が連続する構造（強勢の衝突）や，強勢のない音節（弱音節）が連続する構造（強勢の空き）は避けられることになる。

このうち，強勢の空きを避けるために生じるのが第 2 強勢の

現象である。たとえば Jap.a.nése という〔弱弱強〕の 3 音節が Jàp.a.nése という〔強弱強〕の構造になる。この語の最初の音節に生じるのが 2 次的な強勢，つまり第 2 強勢である。第 2 強勢が生じる語は (6) のように数多い。

(6)　còn.sti.tú.tion
　　　ìn.ter.nát.ion.al
　　　ùn.i.vér.sal
　　　fùn.da.mén.tal

　英語の第 2 強勢は主強勢（第 1 強勢）より前の位置で生じやすく，主強勢の後の位置で生じにくい。sec.on.dar.y という 4 音節語に [sékəndèri] とならんで [sékəndəri] のアクセント型が許容されるのはこのためである。他に cústomàry, dórmitòry, láboratòry など例がある（全体的な傾向として，主強勢の後ろの第 2 強勢はイギリス英語よりアメリカ英語に生じやすい）。

　第 2 強勢が強勢の空きを防ぐ効果を持っているのに対し，リズム規則は強勢の衝突を避けるために生じる。強勢の衝突は (7) のように，強勢音節で終わる語に強勢音節で始まる語が続く場合に起こる。前の語の強勢が弱化・消失[2] することにより，強勢の衝突—つまり〔.. 強勢 ..〕の構造—を解消しようとするのである（thirteen men という例がよく使われることから，'thirteen men rule' とも呼ばれる）。

(7)　thìrtéen mén → thìrteen mén

---

[2]「弱化・消失」と書いたのは，この強勢が音声的に「弱まる」という解釈と「消える」という解釈の 2 説があるからである。

第15章　英語と日本語のアクセント　　259

　　　　Nèw Yórk Cíty → Nèw York Cíty
　　　　Jàpanése péople → Jàpanese péople
　　　　Wàterlóo Státion → Wàterloo Státion

　(6)-(7) で示した第2強勢とリズム規則の現象は，英語が強さアクセントを持つことに起因するものであり，日本語のような高さアクセントの語には見られない。

3.　アクセント規則

3.1.　名詞のアクセント

　日英語のアクセントの性格を理解した上で，次にアクセント規則という点から両言語を比較してみる。いずれの言語でも，外来語のような新語を発音する時にその言語本来のアクセント規則が現れる。日本語（標準語）の外来語は (8) のアクセント規則に従っていると言われている（McCawley (1968)，窪薗 (2006)）。音節とは母音を中心とする音の集まりであり，一方，モーラは音を指折り数えた時の単位で，おおむね日本語のかな文字と対応する。(9) に具体例を示す（音節境界は同時にモーラ境界でもある）。

　(8)　語末から数えて3つ目のモーラを含む音節にアクセントを置く。

　(9)　a.　バ˥.ナ.ナ，ク.リ.ス˥.マ.ス，
　　　　b.　バ˥ッ.ター，アン.ダ˥ー.ソン，ワ.シ˥ン.トン

　(8) の規則が単に「語末から3つ目のモーラにアクセントを置

く」とならないのは，(9b) のように語末から3つ目が自立性の低いモーラの場合に，アクセントが1つ前のモーラに移動するからである。すなわち，長音や撥音（ん）のように語頭に立つことができない要素に置かれたアクセントは，同じ音節内の自立性の高いモーラに移動する。

(9) の例からもわかるように，外来語のアクセントは英語のアクセントをそのまま反映したものではなく，日本語独自のアクセント規則が働いた結果である。その証拠に，日本語の名詞（たとえば地名や人名）もまた，上述の平板型アクセントのものを除き，ほとんどが (8) の規則に従う。

(10) a. 地名
ほっ.か⌐い.どう（北海道），あ.お⌐.も.り（青森），
い⌐.わ.て（岩手），あ⌐.き.た（秋田）…

b. 人名
さ⌐とう（佐藤），か⌐とう（加藤），たか⌐はし（高橋）…

一方，英語の名詞のアクセント規則は (11) の規則に従っている (Hayes (1995))。

(11) a. 原則として語末から2つ目の音節に置く。
b. その音節が軽い（＝1モーラ音節の）場合には，直前の音節に置く。

この規則は (12) のような英語の名詞にあてはまるだけでなく，英語話者が日本語の地名や人名など (13) を発音する際にも用いられる（(12) と (13) の a, b は (11) の a, b に対応する）。

(12) a. ba.ná.na, ho.rí.zon, ve.rán.da, Ar.i.zó.na

    b. mélody, Cá.na.da, Í.o.wa, Í.da.ho

(13) a. Níp.pon, Su.zú.ki, Na.ga.sá.ki, Ta.ka.há.shi

    b. Í.chi.ro, Pó.ke.mon, Pí.ka.chu, Ná.ga.no (~Na.gá.no)[3]

　英語のアクセント規則が体得できているかどうかは，(13) のような日本語の単語を英語流に発音させるとよくわかる。たとえば My name is Takahashi. を Takaháshi と発音できれば，(11) の規則を知識として知らなくても，この規則が身についていることになる。Tàkaháshi という発音までできている人は，第2強勢までも正しく習得していることになる。一方，Takáhashi という発音しかできない場合には，日本語の発音（たか￢はし）を引きずったまま，母語の干渉を解消できていない可能性が高い。このように日本語の地名や人名を英語流に発音させることにより，その学習者が Takáhashi → Takaháshi → Tàkaháshi のどの学習段階にいるかが判定できる。

　同様のテストが英語話者の日本語力を確認する際にも使える。(8) の標準語アクセント規則が体得できている日本語学習者であれば，英語から日本語に入った外来語を (9) のように正しく発音できるはずである。逆にバ￢ナナをバナ￢ナと発音している場合には，母語の干渉を克服できていないとみなすことができる。

3.2. アクセント規則の比較

　日本語のアクセント規則 (8) と英語アクセント規則 (11) は類

---

　[3]（11a）の規則では Na.gá.no となるが，後ろから2つ目の音節が短母音であることがわかると（11b）の規則に従って Ná.ga.no となる。

似性が低いものと思われがちであるが，音節量（syllable weight）という概念を用いて同じ土俵で比較してみると，両者が酷似した内容を持つことがわかる（窪薗（2006））。音節量とは音節とモーラの2つの概念を組み合わせたもので，音節の重さ（長さ）をモーラ数で表そうとするものである。通常，1モーラの長さを持つ軽音節（＝短音節）と，2モーラの長さを持つ重音節（＝長音節）の2種類が想定される。[4] 具体的には，短母音は1モーラ，長母音と二重母音は2モーラと数えられる。母音の後ろの子音（尾子音）も1モーラと数えられることから，〔短母音＋子音〕は長母音や二重母音と同じく2モーラの長さを持つことになる。ちなみに日本語の場合には単語の長さを指折り数えると，各音節のモーラ数がわかる。

　ここで重音節をH，軽音節をLと表記し，〔H＝2モーラ，L＝1モーラ〕という基準で語末3音節のどこにアクセントが置かれるかを分析すると，（8）と（11）の規則はそれぞれ次のようなアクセントを予測する（下線＝アクセント位置，＃＝語末）。

(14)　日本語
　　　a.　HHH#　　b.　HHL#　　c.　LHH#　　d.　LHL#
　　　e.　HLH#　　f.　HLL#　　g.　LLH#　　h.　LLL#
(15)　英語
　　　a.　HHH#　　b.　HHL#　　c.　LHH#　　d.　LHL#
　　　e.　HLH#　　f.　HLL#　　g.　LLH#　　h.　LLL#

---

[4] 超重音節という3つ目のタイプもあるが，現代の日本語と英語に存在するかどうかは疑わしい（窪薗（2017））。

第 15 章　英語と日本語のアクセント　263

　(a-d) のように，語末から 2 つ目の音節が H の場合には，日英語ともにその H 音節にアクセントが置かれる。一方，この音節が L の場合には，日本語では (8) の規則によって (14e-h) のようになる。一方，英語では (11b) の規則によって，(15e-h) のように 1 つ前の音節にアクセントが移動する。

　(14) と (15) を比較すると，日英語の異同は明白である。HHH から LLL までの 8 つの構造のうち，(e) と (g) の 2 つを除き，両言語は同じ位置にアクセントを置いている。つまり日本語と英語のアクセントは，はじめから全体の 6/8 が同じである。[5] 一方，両言語が異なるのは (e) と (g) の 2 つの構造だけである。日英語に共通した語で示すと，(16) のような違いが生じる。

(16) a.　HLH#　(日) バー.ベ⌐.キュー
　　　　　　　(英) bár.be.cue
　　 b. 　LLH#　(日) ピ.カ⌐.チュウ
　　　　　　　(英) Pí.ka.chu

面白いことに，現代日本語の中で (16) に示した 2 つの構造でアクセントの揺れが顕著であることが報告されている（窪薗 (2006)）。この揺れは現在進行中のアクセント変化を示すもので，(17) の左側が古い発音，右側が新しい発音である。新しい発音のほうは，英語のアクセント規則 (11) が予測するアクセント構

---

[5] 「たか⌐はし」と Takaháshi ではアクセントの位置が異なるが，これは「は」の音節を 1 モーラで発音しているか（日本語），母音を伸ばして 2 モーラで発音しているか（英語）という違いを反映している。日本語のほうは LLLL という構造を，英語は LLHL という構造を持っているために，実質的に同じ規則が適用されても異なる音節にアクセントが置かれる。

造（15e, g）と同一である。[6]

(17) a. HLH#

ハン.ガ⌐.リー〜ハ⌐ン.ガ.リー，カー.ディ⌐.ガン〜
カー⌐.ディ.ガン，ミュー.ジ⌐.シャン〜
ミュー⌐.ジ.シャン

b. LLH#

ア.マ⌐.ゾン〜ア⌐.マ.ゾン，エ.ネ.ル⌐.ギー〜エ.ネ⌐.
ル.ギー，ビ.ギ⌐.ナー〜ビ⌐.ギ.ナー，ヒ.コ⌐.ニャン
〜ヒ⌐.コ.ニャン

　日本語内部に見られるこのようなアクセント変化は，日本語が
最後の2つの構造——(16)——においても英語と同じアクセント
規則が働くようになっていることを意味している。つまり，すべ
ての構造において日本語は英語と同じアクセント規則に従うよう
になっているのである。

　以上の分析から，日本語と英語のアクセント規則はもともと酷
似した内容・効果を持っており，さらに近年の日本語のアクセン
ト変化によって，ほぼ同一の内容を持つようになっていることが

---

[6] (17a) の「ミュー⌐.ジ.シャン」は英語の規則 (11) が予測するアクセント
型であるが，実際の英語の発音 mu.sí.cian とは異なる。これは，この語がも
ともと4音節語 (mu.sí.ci.an) であり，(11b) の規則によって si の音節にア
クセントが置かれたことによる。現在の3音節形に同じ規則が適用されると，
mú.si.cian というアクセント型が派生される。(17b) の「ビ⌐ギナー」も英語
の発音とは異なるが，これは英語の begínner が begín + er という派生語とし
て処理されていることによる（-er という名詞語尾は語幹のアクセント位置を
変えない）。もしこの語が単純語であれば，(12b) の mélody と同じように
béginner となることが予想される。

第 15 章　英語と日本語のアクセント　　265

わかる。日本語と英語は「高さアクセント」──「強さアクセント」という異なる性格を有している一方で，その違いを超えて，酷似した内容のアクセント規則を持っているのである。

4.　結び

　本稿の冒頭で述べたように，中学校や高校の英語教材でアクセントやイントネーションの問題が取り上げられることは少ない。日英語のアクセントの異同となれば，なおさらである。しかしだからと言って，アクセントを教える必要性が低いというわけではない。どの言語においても，アクセントはイントネーションやリズムとならんで自然な発音の根幹を成すものであり，特に英語では，アクセントが正しい発音にとって必須のものである（たとえば Japán を Jápan と発音してしまうと「日本」の意味に理解してもらうことがむずかしくなる）。正しいアクセントで発音することは音声コミュニケーションに不可欠のことであり，それを教えることは学校英語の重要な課題である。教科書や指導要綱で詳しく取り上げられないのであれば，教師自らが授業の節々で取り上げるしかない。

　英語のアクセントとその背後にある規則を説明するのに適しているのは，日本語で外来語として使われている英単語であろう。本稿であげた banana, Canada, computer などがその一例である。これらの語の中には日英語で異なるアクセント構造を持つものと同じ構造を持つものがある。日英語間のアクセントの異同を指摘することはもちろんのことであるが，生徒の理解力次第では，その背後にあるアクセント規則にまで言及してもよい。

日本語と英語のアクセントを意識させるもう 1 つの題材は日本語の固有名詞であろう。ナガサキ，ヨコハマのような地名や，タカハシ，イチローのような人名は学習者にとって身近な単語である。それらが日英語でどのように発音されるかを考えることにより，アクセントに対する関心も高まるはずである。教師の側の創意工夫が必要とされている。

参考文献

Abercrombie, David（1967）*Elements of General Phonetics,* Edinburgh University Press, Edinburgh.

Alexander, Henry（1940）*The Story of Our Language,* Thomas Nelson & Sons.［1972 年に成美堂から同名で再刊］

Beckman, Mary E.（1986）*Stress and Non-stress Accent*, Foris, Dordrecht.

Chen, M.（2000）*Tone Sandhi: Patterns across Chinese Dialects,* Cambridge University Press, Cambridge.

Hayes, Bruce（1995）*Metrical Stress Theory: Principles and Case Studies,* University of Chicago Press, Chicago.

窪薗晴夫（2006）『アクセントの法則』（岩波科学ライブラリー 118），岩波書店，東京.

窪薗晴夫（2017）「日本語と英語の音節量」『〈不思議〉に満ちたことばの世界』，高見健一・行田勇・大野英樹（編），352-356，開拓社，東京.

Ladd, D. Robert（1996）*Intonational Phonology*, Cambridge University Press, Cambridge.

松森晶子・新田哲夫・木部暢子・中井幸比古（編）（2012）『日本語アクセント入門』三省堂，東京.

McCawley, James D.（1968）*The Phonological Component of a Grammar of Japanese,* Mouton, The Hague.

森信嘉 (1990)『ノルウェー語文法入門』大学書林，東京.

Pike, Kenneth L. (1948) *Tone Languages,* The University of Michigan Press, Ann Arbor.

第 16 章

「する」型言語と「なる」型言語
―日英語の類型論的比較―

加賀　信広

（筑波大学）

1.　はじめに

　「する」型言語と「なる」型言語のような言い方がある。池上嘉
彦氏の著書『「する」と「なる」の言語学』(1981) で有名になっ
た用語であるが，その考え方は，古くは佐久間 (1941) などでも
指摘されていた。

> (1)　日本語ではとかく物事が『おのずから然る』ように表現
> 　　　しようとする傾向を示すのに対して，英語などでは『何
> 　　　者かがしかする』ように表現しようとする傾向を見せて
> 　　　いる。
> 　　　　　　　　　　　　　　　　（一部改変，佐久間 (1941: 214)）

すなわち英語では，行為者がある行為を「する」式の表現が多い
のに対して，日本語は物事が（自然に）このように「なる」式の
表現が多いというのである。池上 (1981) は，これを「〈行為者〉
を際立たせて表現しようとする」英語と，「それをなるべく覆い
隠して表現しようとする」日本語という対立として捉え，この点

第16章 「する」型言語と「なる」型言語　269

が両言語における表現形式の根本的な相違を形作っており，この
両言語をもちいる共同体の文化的相違にもつながる可能性がある
との見解を示している。

　具体的に，日英語でどのような場合に違いが出てくるかをみて
みると，たとえば飲食店でウェイトレスがお客の注文を受けると
きに，英語では（2a）のように表現できるが，日本語では（2b）
のように表現するのが自然で，（2c）のような表現は，日本語が
堪能でない外国人の発話と見なされてしまうかもしれないという
（Jacobsen（1992））。

　　（2）　a.　Have you decided what you'll have?
　　　　　b.　何になさるか決まりましたか。
　　　　　c.　何になさるか決めましたか。

英語では行為の主体（you）が行為（decide）をしたかどうかを尋
ねる表現形式になっているのに対して，日本語では行為主体は表
現されず，「決める」という行為ではなく，「決まる」という過程
を表す動詞が使われている。また，（3a）のような表現もきわめ
て英語的であるといわれる。

　　（3）　a.　What brought you here?
　　　　　b.　John brought his children to the park.

（3a）は，疑問詞 what が主語になっている文であるが，John の
行為を記述する（3b）と同様に，what があたかも行為主体であ
るかのように表現されている。日本語では，「何があなたをここ
に連れてきたのですか」のような疑問文はきわめて不自然で，
「ここにいらしたのは，なぜでしょう」や「何のご用でお越しで

すか」のような，事態が起こった理由を尋ねるような表現を用いることが求められる。(3a) のような「する」型の表現は，日本語母語話者の発想からはなかなか出てこない形式である。

このように，英語と日本語はそれぞれ「する」型と「なる」型の言語と特徴付けられ，異なる言語類型に属すると考えられてきた。同趣旨の指摘は，多くの言語学者によって繰り返しなされてきている（寺村 (1976)，影山 (1996) など参照）。しかし，「なる」型言語とされる日本語に，「する」的表現がないわけではない。たとえば，主語の主体的行為を表す「花子が太郎をなぐった」「その会社がマンションを建設した」などの文は，当然ながら可能である。逆に，「する」型言語の英語にも become や get などが用いられた，The truth became known to us./It's getting warm day by day. などの「なる」的表現は普通に存在している。佐久間 (1941) を始めとする多くの研究でいわれているのは，英語は「する」的表現を好むのに対して，日本語は「なる」的表現が使われる頻度が比較的高いという，あくまで「傾向」の問題である。実際のところ，日英語の文法を比較したときに，すぐ目につくのは両者の相違点であるが，言語学的観点からいえば，両者には人間言語としての共通の部分のほうが圧倒的に多いというのが，実情に合った見方であると思われる。

とはいっても，「する」的な英語と「なる」的な日本語という，多くの学者によって指摘されてきた特徴付けが，確かな相違として存在することもまた否定できない。本論では，「する」型と「なる」型という漠然とした対立ではなく，もう少し細かく日英語を観察することにより，英語が「する」型の傾向をもち，日本語に「なる」型の表現が多くなるのは「なぜ」なのかという問題意識を

もちながら，最近の言語学・英語学の知見を援用しつつ，できる
だけ実質的な日英語の比較を行ってみたい。

2. 英語における主語の確立と日本語の主語省略

　英語は，歴史的に（he や him などの対立をもつ代名詞を除い
て）名詞句の形態格（主格や目的格など）を失う方向に変化して
きた。その１つの帰結として，現代英語では，名詞句が一定の
文法機能（主語や目的語など）を担うためには，その文法機能を
付与する一定の位置に生じることが必要とされるようになった。
これは語順の固定化と呼ばれる現象であり，「主語」とは（助）動
詞の前の位置に生じる名詞句であるという形で，主語が統語的に
確立することになった。そして，主語がこのように統語的に確立
すると，その主語の位置は常に何らかの要素によって占められて
いなければならないという要請が生まれることにもなった。英語
には（4）のように，it や there などの意味的内容をもたない虚
辞要素が主語に現れることがあるが，これは主語という統語的位
置を何らかの要素で埋めるための手段なのである。

(4) a. It is cheaper to fly than go by train.
　　b. There seems to be some mistake.

　一方，日本語は「か」「に」「を」などの文法関係を明示する助
詞が存在しているために，語順は比較的自由である。「先生が太
郎をほめた」とも「太郎を先生がほめた」ともいえるのである。
また，日本語では主語を必ずしも表現しなくてもよい。たとえば
「今日何時に帰るの」という質問において，「帰る」の意味上の主

語は質問を受けた聞き手「あなた」であるが，発話の状況からそのことは明白であり，通例，表現されない。むしろ，「わかっていることはいわない」という原則に基づいて，主語を省略し，表現しないほうが自然になるのである。英語では，What time are *you* coming home today? のように，主語は必須の要素であるが，日本語にはそのような統語的要請がないのである。したがって，日本語では「しだいに夜になってゆく」や「ようやく春めいてきた」などの，主語（主体）のない，きわめて状況推移的な表現も可能である。一方，英語では，主語が統語的な必須要素となるために，それがつねに動作主であるとは限らないものの，なんらかの主体（あるいは，個体）をまず主語に据えて，それについて何かを述べるという文形式になるのである。これが，「する」型言語を形作る 1 つの要因であると考えられる。

3. 日英語の格配列パターン

英語は，語順の確立によって，「主語―動詞―目的語」の文型をもつに至った。現代英語では文法関係を示す標識としての形態格はほとんど失われているものの，上記の文型を格の観点から表現すれば，「主格―動詞―目的格」であり，日本語の「〜ガ〜ヲ―動詞」のパターンがこれに対応する。この他動詞のパターンは，その典型的な場合として〈動作主〉と〈被動者〉が参与者となる「他動的」事態を表現することになるが，この点で，日英語は大きな違いはみせない。たとえば，John broke the vase. という英文には「太郎が花瓶を壊した」という日本文が対応するのである。しかし，日英語の格の対応関係は，一部においてくずれる場合が

ある。所有や認識を表すような場合である。

(5) a. John has a brother.

   b. Mary didn't understand the explanation.

(6) a. 太郎に（は）兄弟がいる。

   a′. ?太郎が兄弟を持っている。

   b. 花子に（は）その説明がわからなかった。

   b′. ?花子がその説明を理解できなかった。

(5) の英語は「主格—目的格」の他動詞パターンであるが，意味的に対応する (6) の日本文では「〜ニ〜ガ」のパターンとなっている。これを (6a′, 6b′) のように，「〜ガ〜ヲ」のパターンで表現しようとすると，やや不自然な文となってしまう。日本語の「〜ニ〜ガ」のパターンは，「テーブルに本がある」などの存在文と同じ格パターンであるため，「所有」関係を英語は (5a) のように「主格—目的格」の他動詞型で表現する（ことが多い）のに対して，日本語は (6a) のように「場所の後置詞—主格」の自動詞型で表現すると理解されることがある。そして，この対立を受けて，英語のような言語では，「所有」関係を〈所有者〉が〈被所有者（物）〉を自己の支配下に置いているという捉え方をするのに対して，日本語のような言語では，「所有」関係を「支配」というよりは，「所属」ともいうべき緩い捉え方をしている，というような主張がなされることがある。「認識」を表す understand と「わかる」などについても同様のことがいわれる。

　このような言説をしばしば耳にするのであるが，しかしながら言語学的観点からいうと，そのような言説は少なくとも行き過ぎた主張であると言わざるをえない。類型論的にいうと，英語は

274 第Ⅳ部 日本語との対照

「主格—目的格」の格パターンをもつ言語であるが，これに対して，日本語は「〜ガ〜ヲ」のパターンに加えて，「〜ニ〜ガ」の格パターンも併存させている言語であると特徴付けられる。そして，ここが肝心な点であるが，所有文などにおける「〜ニ〜ガ」の格パターンでは，〜ニの要素が主語の役割をもち，〜ガの要素が目的語の働きをすることが言語学的にはっきりしているのである。すなわち，「〜ニ〜ガ」のパターンであっても，必ずしも自動詞型の格パターンであるとは限らないということである。ここで詳しい議論をすることはできないが，1つだけ証拠を挙げるとすれば，尊敬語に関する事実がある（岸本 (2005) など参照）。

(7) a. 木村先生に（は）お子さんがいらっしゃる。
    b. 公園に木村先生がいらっしゃる。

日本語において，尊敬語の対象となるのは主語であるが，(7a) の親族関係を表す「所有」文では，ニ格要素（木村先生）が尊敬の対象である。(7b) の存在文においてガ格要素が尊敬の対象となるのとは対照的である。(7b) では，ガ格要素（木村先生）が主語で，「公園に」が場所を表す後置詞句であるのに対して，(7a) では，ニ格要素（木村先生）は単に「場所」を表すというのではなく，主語としての〈所有者〉を表示する機能をもっていると考えられる。とすると，ガ格要素（お子さん）は目的語ということになる。このように考えると，「所有」の表現に関して，英語は「主格—目的格」のパターンを採り，日本語が「〜ニ〜ガ」のパターンを採用しているだけで，ともに「主語—目的語」の文型であるという点で，「所有」関係の捉え方に両言語で本質的な相違があるわけではないことがわかる。「する」型言語は「所有」の表

第 16 章 「する」型言語と「なる」型言語　275

現に have 系統の動詞をもち，「なる」型言語は be 系統の動詞を
当てるなどの一般化がなされることがあるが，この一般化自体は
よいとしても，さらに両系統の言語は「所有」の関係を本質的に
異なった形で認識しているとまで言ってしまうと，それは行き過
ぎた一般化であると言わざるをえない。

4.　日英語の自動詞・他動詞交替

　第 1 節で，英語では Have you decided what you'll have? と
いうところを，日本語では「決める」という他動詞ではなく，「決
まる」という自動詞を用いるほうが自然な表現になるという例を
みた。このような例から，主体的行為者を「際立たせて表現する」
英語とそれを「なるべく覆い隠して表現しようとする」日本語と
いう対立が動機付けられていると考えられる。確かに，これに類
する例は豊富に挙げることができる。次のような例である。

(8)　a.　　Have you found an apartment yet?

　　　b.　　アパートはもう見つかりましたか。

　　　b′.(?)アパートをもう見つけましたか。

(9)　a.　　Many mansions have been built in the past year.

　　　b.　　この 1 年でマンションがたくさん建った。

　　　b′.(?)この 1 年でマンションがたくさん建てられた。

英語では他動詞の find と build が用いられているが，対する日
本語では「見つかる」「建つ」という自動詞が使われており，む
しろこれが自然な表現である（(8b′) と (9b′) の表現は，(8a) と
(9a) の英文に対する訳文として使用可能であり，不自然とまで

はいえないが，日本語話者の感覚としては，(8b) と (9b) のほうがより自然である）。この点を「する」と「なる」の対立で理解しようとすると，英語は行為者を前面に出すのに対して，日本語では行為者が隠され，アパートやマンションがあたかも「自然に発生した」かのように表現されるというわけである。しかし，ここで考えるべきこととして，日本語では他動詞「見つける」「建てる」に対応する自動詞「見つかる」「建つ」が存在するのに対して，英語では find と build に対応する自動詞がそもそも存在しないという事実がある。つまり，英語では，日本語のように (8) や (9) の状況を自動詞で表現しようにも，その手立てが用意されていないのである。

英語に他動詞の find や build に対応する自動詞がないこと，そして，日本語には「見つかる」や「建つ」などの自動詞が存在すること，この事実自体が，英語の「する」的性格と日本語の「なる」的性格を反映しているのであるという考え方も成り立つと思われるかもしれない。しかし，英語においても，動詞の自他の交替は，break の「壊す」「壊れる」や sink の「沈める」「沈む」などを挙げるまでもなく，広く成立する現象であり，「する」型の言語であるから自動詞が存在しないとは，簡単に言うことができない。英語の自他動詞の交替可能性については，研究がかなり積み重ねられてきており，ここで詳述することはできないが，どういう場合に交替が起こり，どういう場合に起こらないかの理解が進んできている。たとえば，英語において二重目的語構文を許す他動詞に関しては自動詞が存在しないという一般化が成り立つという主張がある (加賀 (2002))。この一般化が成立し，それを支える原理が妥当なものであるとすると，上でとりあげた英語の

find や build は，ともに二重目的語構文を許容する動詞であるため，原理的に自動詞にはなれないという帰結が得られる。

(10) a.　I found John his missing book.

　　　　（わたしはジョンになくなっていた本を見つけてあげた。）

　　 b.　He built the couple a new house.

　　　　（彼はその夫婦に新しい家を建ててあげた。）

一方，この制約は日本語には適用されないので，「見つかる」や「建つ」という自動詞が存在するというわけである。したがって，英語に行為者を「際立たせて表現する」という傾向があるように見えるのは，英語の一定の範囲の動詞に関しては自動詞が存在せず，そのために他動詞を用いて表現せざるを得ないからであり，その結果として，日本語よりも行為者が目立つような表現形式が多くなっていると考えられるのである。

5.　無生物主語

　第1節でもう1つの例として挙げたのは，What brought you here? という英文に対して，日本語では「何があなたをここに連れてきたのですか」などという質問を通例はしないという事実であった。この種の対照もよく指摘されるところであるが，ここに関わっているのは，英語における他動的表現の多用というよりは，むしろ無生物主語の問題である。英語では，無生物が主語に取り立てられることが日本語に比べて多い。

(11) a.　The key will open the door.

278 第 IV 部 日本語との対照

    b.   The wind broke the vase.

(11) は，〈道具〉や〈原因〉が主語になっている例であるが，日本語では「鍵でドアが開く」「風で花瓶が割れた」となるところで，「鍵」や「風」をガ格にすると座りの悪い文（「鍵がドアを開ける」「風が花瓶を割った」）になってしまう。英語では，なぜ無生物主語構文の許容度が高いのかということが問題になるが，これに対するはっきりとした答えは，今のところ見つかっていない。ドイツ語は英語と類型論的に近い言語であるが，そのドイツ語においては，無生物主語の構文が英語ほどには発達していないという報告もある。無生物主語の許容度は，文法の問題というよりは，文体の問題なのかもしれない。英語では，無生物主語が慣習的に定着した（conventionalized）文体になっているということではないかと考えられる。ちなみに，日本語でも「太郎は仕事を辞めた。何が彼をそうさせたのかはわからない。」などの文は，ぎこちない文体ではあるが，容認できる範囲内にあると思われる。

6.　他動性の強弱と結果の含意

  英語など「する」型言語の動詞は「他動性」が強いのに対して，日本語など「なる」型言語の動詞は「他動性」が弱いという主張がある（池上 (1981)）。「他動性」とは「他者への働きかけの度合い」ぐらいに理解されるが，日英語の動詞を比べて，たとえば break と「壊す」がそれぞれ the vase ／「花瓶」という目的語をとったときに，日英語で花瓶の壊れ方の度合いに違いがあるとい

第16章　「する」型言語と「なる」型言語　　279

うようなことではない。池上（1981）が意図していたのは，英語
の他動詞は「他動性」が強いので，使役動詞化して（12）のよう
な構文をつくることができるが，「他動性」の弱い日本語ではで
きない，というような違いである。

(12) a. Mary rocked her baby into sleep.

　　b. John deceived Mary out of her money.

(12a) は「メアリーが赤ん坊を揺りかごであやして眠らせた」状
況を，(12b) は「ジョンがメアリーからお金をだまし盗った」状
況を表している。日本語では，これらの状況を表すのに「あやす」
「眠らせる」と「だます」「盗る」という2つずつの動詞が必要に
なるのであるが，英語では「主語−動詞−目的語−前置詞句」の
形で，動詞は rock と deceive という他動詞1つで済んでいる。
この構文は，一般に結果構文と呼ばれており，英語では他動詞だ
けでなく，自動詞からでも作ることができる。次のような例であ
る。

(13) a. Mary sang the baby to sleep.

　　b. He ran his Nikes threadbare.

(14) a. メアリーは歌を聞かせて，赤ん坊を眠らせた。

　　b. ナイキの靴がボロボロになるまで，彼は走った。

(13) の動詞 sing と run は自動詞なので，the baby と his Nikes
はその目的語とはいいにくいが，しかし，(13a, b) は文法的な
英語の文として，(14a, b) に日本語で示したような解釈をうけ
ることができる。日本語では，同じ状況を (14a, b) のように，
節を2つに分けて，動詞を2つ用いて表現する必要がある。こ

280 第Ⅳ部 日本語との対照

れを，たとえば「*彼はナイキの靴をボロボロに走った」のように言うことはできない。池上は，この日英語の違いについて，英語の動詞は「他動性」が強いので，自動詞であろうと，後続の要素に働きかけ，その要素に変化を起こさせる力を有するのに対して，日本語では「他動性」が弱いので1つの動詞で使役的な状況を表すことはできないのである，という趣旨の説明を与えている。

日英語の結果構文の例をもう少し追加しよう。

(15) a. The horses dragged the logs smooth.
     b. The joggers ran the pavement thin.
(16) a. *馬が丸太をすべすべに引きずった。
     b. *ジョガーたちが舗道をうすく走った。
(17) a. 馬が丸太を引きずって，丸太がすべすべになった。
     b. ジョガーたちが走って，舗道がうすくなった。

(15) の英語の結果構文に対して，形式的に対応する (16) の日本語は意味の通らない文である。文法的な文にするためには，(17) のように，「結果」の部分を「なる」などの動詞を用いて別に表現する必要がある。これは，日本語の動詞は「他動性」が弱いために，使役的な状況を表すことができないためであろうか。しかし，そう結論する前に，日本語にも，実は次のような文法的な結果構文も存在することを確認しておかなければならない。

(18) a. 太郎は氷をこなごなに砕いた。
     b. 花子はドレスをピンクに染めた。

非文法的な (16) と文法的な (18) は，どこに違いがあるのだろ

うか。

　この疑問に対して，最近の研究は次のような答えを用意している。日本語では，状態変化を意味に含む動詞は結果構文を許すが，状態変化を含意しない動詞は，結果構文を許容しないというものである。「砕く」「染める」などの動詞では，その行為が成就すれば，目的語対象物に「破片になる」「色が付く」などの変化が必ず生ずることになる。一方，「引きずる」「走る」などは，その行為が遂行されても，必然的に何らかの結果が生ずるという種類の動詞ではない。その意味で，前者は結果を含意する動詞であり，後者は結果を含意しない，単なる行為動詞である。したがって，日本語の結果構文の可能性については，次のように考えるのがよいことがわかる。「主語─目的語─結果表現─動詞」の形の結果構文は，日本語の動詞は「他動性」が弱いためにすべて成立しないというのではなく，結果状態を意味に含んでいる動詞の場合には成立するというものである。

　一方，英語においては，結果状態を含意する他動詞にかぎらず，行為の他動詞であっても，また自動詞であっても「主語─動詞─目的語─前置詞句（結果表現）」の形の結果構文が成立する。ただし，これは英語の動詞が一般的に「他動性」が強いからという理由ではない。そもそも自動詞について「他動性」が強いとはどういうことなのであろうか。ここには少なからぬ言辞矛盾があると考えなければならない。最近の研究では，英語において結果構文が広範囲に許容されるのは，類型論的な特性として，英語に「結果事象」の成立を認可するような仕組みが存在するためであることが明らかになっている（この点については，加賀（2017）などを参照）。しかも，その類型論的な特性というのは，単に英語と

日本語を分ける類型論的な特性ではなく，英語やドイツ語などゲルマン系の言語にはあるが，フランス語やスペイン語などのロマンス系の言語にはみられない特性であることがわかっている。すなわち，英語で許される，行為の他動詞や自動詞に基づく結果構文は，日本語と同様，フランス語やスペイン語では許容されないのである。フランス語やスペイン語は，「する」型言語か「なる」型言語かで分類すれば，当然ながら「する」型言語ということになるが，結果構文の可能性についていえば，フランス語とスペイン語は日本語と同類ということになる。つまり，「する」型言語と「なる」型言語を分ける類型論的特性と，結果構文の成立可能性を決める類型論的特性があるとすると，それは同一の特性ではなく，実は異なる特性であると考えなければならないのである。このことから，結果構文に関して日英語の違いが存在するのは確かであるが，その違いは「する」型言語と「なる」型言語の対立に関わる「他動性」の強弱というようなことに起因するものではないことがわかる。

7. おわりに

「する」型言語の英語と「なる」型言語の日本語という考え方は長く定着しており，確かにそう思わせるような日英語の対立的な現象は数多く観察される。しかしながら，「する」型言語の英語では動詞の「他動性」が強いために，結果構文など〈行為者〉を際立だせる構文が発達しているという類の主張は，言語学的にみると強い根拠があるものではない。本論では，両言語の文法について分析的な考察を試みて，日英語の問題とされる類型論的相違

は，格パターンの違いや自動詞・他動詞交替における相違など，それぞれがもつ言語としての文法的要因が積み重なったもので，結果的にそのような姿に見えているに過ぎないことを述べた。この点を強調するのは，「〈行為者〉を際立たせて表現しようとする」英語と，「それをなるべく覆い隠して表現しようとする」日本語という対立を，両言語の根本的・本質的相違として捉えて，それをこの両言語をもちいる共同体の文化的相違にまで関連付けようとする試みがしばしば見られるためである。たとえば，英語圏の人は「行為者中心」の発想をもつのに対して，日本は「事の成り行きを大事にする」文化を育んでいるなどの文化論を見ることがあるが，その真偽はさておき，それを言語と直接関係付けるようなやり方は，裏付けがあることとは思われないのである。

　英語教育の現場では，たとえば Have you found an apartment yet? という英語に「アパートをもう見つけましたか」という訳語を与えることはあっても，「アパートはもう見つかりましたか」という日本語に対応付けるようなことはないと思われる。しかし，先に「アパートはもう見つかりましたか」という日本語があり，対応する英語はどうなるかを考える場合には，上記のような英語表現がどうしても必要となる。なぜ英語では「アパート」を主語とする自動詞的な表現ではなく，you を主語とする他動詞を用いた表現になるのかを，生徒に理解してもらうのはなかなか難しい課題になりそうである。その場合に，英語は「する」型言語であるので，〈行為者〉を主語として際立たせる表現が好まれるためであると説明するのも 1 つのやり方であるとは思われるが，英語と日本語で自動詞と他動詞の交替の可能性には違いがあり，「見つかる」という自動詞があっても，find に自動詞形があると

は限らないことを教えるのも，もう1つの方法である。後者の
ほうが，同じ内容のことを表現するのにも，日英語でその表現形
式にはそれぞれ別個の制約が課せられるのであることを具体的に
わかってもらえるという意味で，優れているように思われる。

参考文献

池上嘉彦 (1981)『「する」と「なる」の言語学』大修館書店，東京.

Jacobsen, Wesley M. (1992) *The Transitive Structure of Events in Japanese*，くろしお出版，東京.

加賀信広 (2002)「英語使役交替管見」『事象と言語形式』，筑波大学現代言語学研究会（編），119-144，三修社，東京.

加賀信広 (2017)「英語には見えない動詞がある」『〈不思議〉に満ちたことばの世界』，高見健一・行田勇・大野英樹（編），265-269，開拓社，東京.

影山太郎 (1996)『動詞意味論』くろしお出版，東京.

岸本秀樹 (2005)『統語構造と文法関係』くろしお出版，東京.

佐久間鼎 (1941)『日本語の特質』育英書院，東京.

寺村秀夫 (1976)「『なる』表現と『する』表現」『日本語と日本語教育 文字表現篇』49-68，国立国語研究所.

第 17 章

Have you seen him yet? は
なぜ「もう彼に会いましたか？」なのか

吉村　あき子

(奈良女子大学)

1.　はじめに[1]

yet という語は，しばしば already と対比させて論じられる。
それは (1) に示したように，たとえば，肯定文 (1a) には al-
ready，否定文 (1b) と疑問文 (1c) には yet というように，相補
的な環境に，同じような意味で用いられるからである。

(1) a.　He has gone already.

b.　He hasn't gone yet.

c.　Has he gone yet?

ところが，(2a, b) のような肯定文でも yet は容認される。

(2) a.　I can see him yet.

b.　There's plenty of time yet.　　　(Quirk et al. (1985))

---

[1] 本稿は，認知語用論的視点から吉村 (1989) を再解釈し，加筆修正発展さ
せたものである。

286　第 IV 部　日本語との対照

さらに (3a, b) に示されるように，英語の already と yet は，日本語のマダとモウと 1 対 1 の対応関係をなさない。

(3) a.　Have you <u>already</u> seen him? (もう彼に会ったのですか)
    b.　Have you seen him <u>yet</u>? (もう彼に会いましたか)

　本稿では，否定文の環境によく現れると言われる yet に焦点を当て，日本語との比較を通してその意味と機能を考察し，なぜ (3) のような現象が生じるのかを明らかにする。

2.　手続き的意味による分析

　Bolinger (1977) によれば，yet には問題となっている時点に先だって，ある状況が消えて，それと正反対の状況が生じているという期待/予想が含まれているという。たとえば (4) の文は，彼らがここにいないという発話時点の事実に対し，その時点に先だって，正反対の状態（彼らがここにいる状態）が生じていることを事前に期待していたことを含意している。

(4)　They aren't here yet. (彼らはまだここに着いていない)

同様に (5) の文は，彼がここにいるという発話時点の事実に対し，その時点に先だって，正反対の状態（彼がここにいない状態）が生じていることを事前に期待していたことを含意している。

(5)　He's here yet. (彼はまだここにいる)

　一方，同じ Bollinger (1977) によると，already が期待（含意）しているのは，基準となる時点において真である状況が，それよ

第17章 Have you seen him yet? はなぜ「もう彼に会いましたか？」なのか　287

り後の時点において，実際に真になっているはずだ，ということである。

 (6) He's here already.（彼はすでにここに来ている）

たとえば (6) の文では「彼がここにきている」ことが，後の時点になって実現すると予想していたが，その予想に反して，現時点ですでに実現しているのである。

 これを太田 (1980) の表記法にならって示すと次のようになる。今その文の時制の表す時を t_0 とし，t_0 より前の時点 t_i を $t_i < t_0$ と表記し，t_0 より後の時 t_i を $t_i > t_0$ と表し，ある事象を S，否定 not を論理記号の〜，存在量化詞を∃（… が存在する，と読む）で示すと，上記の already と yet の意味は，(7) のように表示できる。

 (7) a. already 予想：$\exists t_i > t_0 (t_i(S))$ 断定内容：$t_0(S)$
    b. yet 予想：$\exists t_i < t_0 (t_i(S))$ 断定内容：$t_0(\sim S)$

(7) の形式的表示は次のように読む。(7a) において，already が持つ予想は「時点 t_i において S が成り立つ（$t_i(S)$ の部分）ようなそんな t_i が，当該文の時制が表す時 t_0 よりも後に存在する（$\exists t_i > t_0$ の部分）」（もっと後に S になると予想していた）であり，already を伴う文による断定内容は「文の時制が表す t_0 において S が成立する」（（予想していたよりも前の）t_0 において S が成立する）である。同様に (7b) において，yet が持つ予想は「時点 t_i において S が成り立つ（$t_i(S)$ の部分）ようなそんな t_i が，当該文の時制が表す時 t_0 よりも前に存在する（$\exists t_i < t_0$ の部分）」（もっと前に S になると予想していた）であり，yet を伴う

288 　第 IV 部　日本語との対照

当該文による断定内容は「文の時制が表す t_0 において～S（S が成立していない）である」（（予想していたよりも後の）t_0 において～S（S が成立していない））である。

　このように，語自体の意味から見ると，先にあげた (2a, b) の説明ができる。便宜上繰り返すと，(8) のように表すことができる。

(8)　I can see him yet.（まだ彼に会うことができる）
　　　　予想：S（彼に会うことができない）という事態が t_0（ここでは現時点）よりも前に実現しているだろう
　　　断定内容：t_0（～S）（現在彼に会うことができる）

と表すことができる。S（彼に会うことができない）という事態が，現在（t_0）すでに実現しているはずだと予想していたところ，まだ実現していない（～S）と断定することなのである。同様に，(2b) は (9) のように表すことができる。

(9)　There's plenty of time yet.（まだ十分時間がある）
　　　　予想：S（時間が十分にない）という事態が t_0（ここでは現時点）よりも前に実現しているだろう
　　　断定内容：t_0（～S）（現在，時間が十分にある）

S（時間が十分にない）という事態が t_0（現時点）よりも前に実現しているだろう（つまり，t_0（現時点）において時間が十分にない状態（S）になっているだろう）と予想していたところ，まだ実現していない（∴時間が十分にある（～S））と断定しているのだと説明できる。

　このように yet と already の 2 語は，肯定とも否定とも結びつ

第17章　Have you seen him yet? はなぜ「もう彼に会いましたか？」なのか　289

くのであるが，それはその固有の意味が肯定でも否定でもないからである。ここで already, yet の固有の意味としたものは，Blakemore（1987）のいう手続き的意味（procedural meaning）である。

　Blakemore（1987）は，単語が持つ固有の意味（単語にコード化された意味）には，概念的意味と手続き的意味の2種類があると主張する。概念的意味とは，その文の真理条件（外界に照らし合わせて真か偽かを決める意味内容）に貢献し，概念表示（心の言語の意味表示）の構成要素になる。dog や run などのような名詞や動詞，形容詞などの語は概念的意味をコード化している。一方，手続き的意味は，聞き手が，話し手の意図する意味にたどり着く際に行う推論を導く役割をする（推論に制約を課す）。たとえば，2つの文を but でつないだ She is a linguist but she is intelligent. の真理条件は，but の代わりに and を用いた She is a linguist and she is intelligent. と同じだが，but の文には，前半の「彼女が言語学者である」ことと後半の「彼女が理知的である」ことの間に何らかのコントラスト／矛盾があるように解釈するように（推論するように）仕向けられる。これが but の手続き的意味である（正確な意味規定は Blakemore（1987）参照）。

　already と yet の手続き的意味はそれぞれ，(7) に示した予想があるような文脈で処理せよ，というものになる。この手続き的意味によって，already と yet の出現は説明され得るといえるだろう。逆に言えば，この手続き的意味によってでなければ，この2語の出現する現象と意味を的確に捉えられない。肯定文には already，疑問文・否定文には yet という単純な図式では到底説明のつかない現象なのである。

290 第IV部 日本語との対照

3. マダとモウとの関係

この節では日本語のマダとモウとの対応関係を考える。(10a)
の already を日本語にするとすればモウになるだろうし，(10b)
の yet も日本語にするとすればモウになる。

(10) a. I have finished the work already.
   （私はもうその仕事を終えました）

   b. Have you finished the work yet?
   （あなたはもうその仕事をおえましたか）

また逆に，「まだ時間は十分にある」の日本語には (11a) の yet,
(11b) の still を持つ2文が対応する。

(11) まだ時間は十分にある。
   a. There's plenty of time yet.
   b. There's still plenty of time.　　　(Quirk et al. (1985))

では，日本語のマダとモウは英語の yet と already，さらには
still と any more とどのような関係になっているのだろうか。

ここで，便宜上時制を現在に限定して考えることにする（t_0＝
現在）。already と yet の固有の意味（コード化された意味）は
(7) のように表示できた。still と any more が持つ意味について
は，Horn (1970) が (12) のように提案している。

(12) a. still　　　前提：$\exists t_i < t_0$　$t_i (S)$　断定内容：$t_0 (S)$

   b. any more　前提：$\exists t_i < t_0 (t_i (S))$　断定内容：$t_0 (\sim S)$

(12) の形式的表示は次のように読む。(12a) においての still が

第17章 Have you seen him yet? はなぜ「もう彼に会いましたか？」なのか 291

持つ前提は「時点 t_i において S が成り立っているような（t_i（S）の部分）そんな t_i が，当該文の時制が表す時 t_0 よりも前に存在する」（文の時制が表す時より前の時点で S である）であり，still を伴う当該文による断定内容は「文の時制が表す時点 t_0 において S が成立する」（以前と同じく S）である。同様に（12b）において，any more が持つ前提は「時点 t_i において S が成り立つような（t_i（S）の部分）そんな t_i が，当該文の時制が表す時 t_0 よりも前に存在する（$\exists t_i < t_0$ の部分）」（文の時制が表す時より前の時点で S である）であり，any more を伴う文による断定内容は「文の時制が表す時点 t_0 において〜S（S ではない）が成立する」（以前と異なり〜S（S ではない））である。

3.1. 断定文（肯定文と否定文）とマダとモウ

　この節ではマダとモウに注目する。肯定と否定，yet と already の組み合わせに，（13）に示したような4つの論理的可能性が考えられる。

(13) a. We can see him yet.（まだ彼に会うことができる）

　　b. We cannot see him yet.（まだ彼に会うことができない）

　　c. We cannot see him already.
　　　（もう彼に会うことはできない）

　　d. We can see him already.（もう彼に会うことができる）

We can see him（彼に会うことができる）を S とし，否定を論理記号の〜で表し，時間関係を，左を過去・右を未来として線で示し，（　）はその時点の予想，それ以外は t 時における実際の状況とすると，（13）は次のように表示できる。

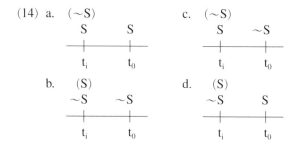

(14) を具体的な文に当てはめて説明すると，yet を伴う (13a) We can see him yet.（まだ彼に会うことができる）は，(14a) に示したように，過去のある時点 t_i において S (We can see him/彼に会うことができる) が成り立っており，その時点で (~S) (We cannot see him/彼に会うことができない) という事態が未来に生じるだろうという予測（彼に会えなくなるだろうという予測）があったが，発話時点 t_0 においては S (We can see him/彼に会うことができる) が成り立つ，ということを意味することを示している。(13b) We cannot see him yet（もう彼に会うことができない）はその否定版で，(14b) のように表示される。Already を伴う (13c) We cannot see him already（もう彼に会うことはできない）は，(14c) に示したように，過去のある時点 t_i で S（彼に会うことができる）が成り立っており，その時点で (~S)（彼に会うことができない）という事態が，t_0 より後の将来に生じるだろうという予測（彼に会えなくなるだろうという予測）があったが，発話時点 t_0 において ~S（彼に会うことができない）が成り立っている，ということを意味することを示している。(13d) We can see him already（もう彼に会うことができる）はその肯定版で，(14d) のように表示される。(13d) We can see him already（も

第17章 Have you seen him yet? はなぜ「もう彼に会いましたか？」なのか　　293

う彼に会うことができる）は，過去のある時点 t_i で 〜S（彼に会う
ことができない）が成り立っており，その時点で（S）（彼に会う
ことができる）という事態が t_0 より後の将来に生じるだろうと
いう予測（彼に会えるようになるだろうという予測）があったが，
発話時点 t_0 において S（彼に会うことができる）が成り立ってい
る，ということを意味することを示している。

　　still と any more についても同じようにしてみると，(15a-d)
は (16a-d) と表示できる。

(15) a.　We can still see him.（まだ彼に会うことができる）

　　 b.　We still cannot see him.（まだ彼に会うことができない）

　　 c.　We cannot see him any more.

　　　　（もう彼に会うことができない）

　　 d.　We can see him any more.（方言）

　　　　（もう彼に会うことができる）

(16) a.　　S　　　　 S　　　 c.　　 S　　　 〜S

　　　　——+————+——　　　　——+————+——

　　　　　 t_i　　　　 t_0　　　　　　 t_i　　　　 t_0

　　 b.　 〜S　　　 〜S　　　 d.　 〜S　　　 S

　　　　——+————+——　　　　——+————+——

　　　　　 t_i　　　　 t_0　　　　　　 t_i　　　　 t_0

(16) を具体的な文に当てはめて説明すると，still を伴う (15a)
We can still see him（まだ彼に会うことができる）は，(16a) に
示したように，過去のある時点 t_i において S（We can see him/
彼に会うことができる）が成り立っており，発話時点 t_0 におい
ても S（We can see him/彼に会うことができる）が成り立つ，
ということを意味することを示している。(13b) We still cannot

294 第 IV 部 日本語との対照

see him（まだ彼に会うことができない）はその否定版で，(16b) に示したように，過去のある時点 t_i において ～S（We cannot see him/彼に会うことができない）が成り立っており，発話時点 t_0 においても ～S（We cannot see him/彼に会うことができない）が成り立つ，ということを意味することを示している。

any more を伴う (13c) We cannot see him any more（もう彼に会うことはできない）は，過去のある時点 t_i で S（彼に会うことができる）が成り立っており，発話時点 t_0 において ～S（彼に会うことができない）が成り立っている，ということを意味すること示している。(15d) We can see him already（もう彼に会うことができる）はその肯定版で，(16d) に示したように，過去のある時点 t_i で ～S（彼に会うことができない）が成り立っており，発話時点 t_0 において S（彼に会うことができる）が成り立っている，ということを意味すること示している。(15d) は方言で，(16d) を表す適当な表現が標準英語にはないのだが，この方言では，still は前提と断定の極が同一で，any more はその極が逆になるというように，any more の役割が再編成されていることになる。

さて，マダに対応する (13a, b) と (15a, b) について見てみよう。(13a) We can see him yet と (15a) We can still see him を比べると，両方とも（まだ彼に会うことができる）という日本語に対応するが，それぞれが持つ含意において異なっている。(14a) と (16a) を見てみよう。yet を伴う (13a) では (14a) に示されているように，過去の時点 t_i と発話時点 t_0 における実際の状況は共に S（彼に会うことができる）で変化していない。それは still のある (15a) の表示 (16a) においても同じである。異なるのは，yet のある (14a) には t_i において（～S）（彼に会う

第 17 章 Have you seen him yet? はなぜ「もう彼に会いましたか？」なのか　　295

ことができない）事態が将来生じるだろうという予想があったことである。

　(13b) We cannot see him yet と (15b) We still cannot see him についても同じことがいえる。両方とも（まだ彼に会うことができない）という日本語に対応するが，yet を伴う (13b) の表示 (14b) は，過去の時点 t_i において (S)（彼に会うことができる）という予想があったという点においてのみ still を持つ (15b) の表示 (16b) と異なる。要するにこの 4 つの文が示していることは，日本語のマダは，過去 t_i と発話時点 t_0 の状況が変化していなければ，それと反対の予想のあるなしにかかわらず，用いられるということである。

　次にモウに対応する (13c, d) と (15c, d) を考察しよう。(13c) We cannot see him already と (15c) We cannot see him any more を比べてみると，両方とも（もう彼に会うことができない）という日本語に対応するが，それぞれが持つ含意において異なっている。(14c) と (16c) の表示を見てみよう。already のある (13c) We cannot see him already では (14c) に示したように，過去の時点 t_i から発話時点 t_0 における実際の状況は S（We can see him/ 彼に会うことができる）から 〜S（We cannot see him/ 彼に会うことができない）に変化しており，それは any more のある (15c) We cannot see him any more の (16c) においても同じである。異なるのは already のある (14c) において，過去の時点 t_i において「予想」（〜S）（彼に会えなくなるだろう）があったことである。

　(13d) We can see him already と (15d) We can see him any more についても同じことがいえる。両方とも（もう彼に会うこ

296　第 IV 部　日本語との対照

とができる）という日本語に対応するが，already を持つ（13d）
の表示（14d）は，過去の時点 t_i において（S）（彼に会うことが
できるだろう）という予想があったという点においてのみ any
more を持つ（15d）の表示（16d）と異なる。要するにこの 4 つ
の文が示していることは，日本語のモウは過去時点 t_i から発話
時点 t_0 へ状況が，S（会える）→ ～S（会えない）へ，あるいは
～S（会えない）→ S（会える）へ，変化していれば，過去時点 t_i
においてその状況と反対の「予想」があってもなくても用いられ
る，ということである。

　以上のことをまとめると，英語では「予想」を手続き的意味と
して持つ，yet と already は，それを持たない still と any more
と，語彙的に区別される（別の単語がある）が，日本語ではその
ような手続き的意味を持つか持たないかによって語彙的に区別さ
れることはなく，現実の状態が S（会える）→ S（会える）また
は ～S（会えない）→ ～S（会えない）と同じであればマダが，S
（会える）→ ～S（会えない）または ～S（会えない）→ S（会え
る）と変化していればモウが用いられるといえるだろう。英語で
は「予想」の有る無しが言語化されるのである。

3.2.　疑問文のマダとモウ

　肯定文と否定文の比較から導き出されたこれらの結論は，疑問
文におけるマダとモウと already と yet の対応関係もうまく説明
する。疑問文は，疑問に答えることが（論理的に）可能な場合に
のみ適切であり（適切性の条件），話者（疑問を発する人）は，少
なくとも聴者（答える人）が自分より問題になっている事柄につ
いて，よく知っていると思っていること（十分条件）が必要であ

第17章　Have you seen him yet? はなぜ「もう彼に会いましたか?」なのか　297

る。また，否定に関する疑問文特有の現象は，いわゆる「片寄り」
(bias) と呼ばれるものである。「片寄り」とは，疑問文が肯定，
否定いずれの答えをより多く予想するかということで，それぞれ
「肯定の片寄り」「否定の片寄り」を持つと言われる。肯定疑問文
は普通，中立的か否定的な片寄りを持つのに対して，否定疑問文
は肯定的片寄りを持つ。片寄りに関してこのような違いが生じる
のは次のような理由によるのではないかと思われる。

(17) a.　Are you going to Bill's party?

　　　b.　Aren't you going to Bill's party?

たとえば (17) の 2 文を比較してみると，(17a) は You are go-
ing to Bill's party（あなたがビルのパーティーに行く）という命題が
真か否かを問うているわけであるが，この疑問の背後には May-
be you are not (going to Bill's party)（もしかしたら行かないかも
しれない）という気持ちがある。同様に (17b) Aren't you going
to Bill's party（あなたはビルのパーティーに行かないの？）というの
否定疑問の背後には Maybe you are (going to Bill's party)（も
しかしたら行くかもしれない）という気持ちがある。さもなければ
疑問を発することはないからである。肯定疑問文のもつ否定的片
寄り，否定疑問文の持つ肯定的片寄りは，それぞれ上述の May-
be you are not ないしは，Maybe you are という気持ちに対応
したものである。

　この疑問文が持つ片寄りを，少し一般化して抽象的にいうと，
p を疑問文が表す肯定命題とし（(17) では You are going to
Bill's party に相当），否定疑問文を発する動機は「p (You are
going to Bill's party) が真であるという話者の前々からの信念

と，〜p (You are not going to Bill's party) が真であることを示唆するような現況証拠との間に摩擦があり，話者は〜p を疑問視し，意外だと思って否定疑問文を発する」と説明できる。肯定疑問文を発する動機も同じように「〜p (You are not going to Bill's party) が真であるという話者の前々からの信念（この場合は無意識かも知れない）と，p (You are going to Bill's party) が真であることを示唆するような現況証拠との間に摩擦があり，話者は p を疑問視し，意外だと思って肯定疑問文を発する」と説明される。この心理的な過程は，英語，日本語共に共通のものではないかと思われる。

3.3. 上記 (3) への解答

さて，ここで説明したいのは先に (3) として挙げた次の例である。便宜上繰り返す。

(18) a. Have you <u>already</u> seen him?　(= (3))
　　　　（<u>もう</u>彼に会ったのですか）

　　 b. Have you seen him <u>yet</u>?　　　　(Quirk et al. (1972))
　　　　（<u>もう</u>彼に会いましたか）

ここに示した日本語は，(Quirk et al. (1972)) の日本語訳『現代英語文法大学編』（池上嘉彦訳）を採用した。ともに肯定疑問であるが，(18a) では already が，(18b) では yet が用いられ，対応する日本語はどちらもモウである。これはどういうことなのだろうか。Quirk et al. (1985) では，疑問文における already と yet の差は，already が肯定の答えを期待するのに対し，yet の答えは否定か肯定のどちらでも可能であるという点である，としてい

第 17 章　Have you seen him yet? はなぜ「もう彼に会いましたか?」なのか　299

るが, これは本質的な説明にはなっていない。

　これまでの議論に基づくと, (18) の意味は (19) のように表示できる。(19) を見ながら (18) を解説してみよう。(18a) Have you already seen him? (= (3a)) (もう彼に会ったのですか) は次のようなことを表している。(19) 左上の「(S) (あなたはいつか彼に会うだろう) と思っていた (予想) が, 現在 (t_0) までにはまだ (〜S) (会っていないだろう) と思っていた (A)。聞くところによると (現況証拠) もう [S] (彼に会った) とか (B) →『もう彼に会ったんですって ?』((B) を信じている)」というようなことである。(A) は予想 (信念), (B) は現況的証拠によって示唆される状況である。先ほどの肯定疑問文の心理過程の説明に従うと, (A) の予想 (会っていない) と (B) の現況的証拠 (会った) の間に摩擦があり, 話者は (B) 現況的証拠 (会った) を疑問視し, 意外だと思って (B) についての肯定疑問文を発する (会ったの?)。これは否定の (中立の) 片寄りを持つが極性表現の already が肯定の片寄を持ち, このように一致しない場合は極性表現が優先されるため (18a) は肯定疑問文なのだが肯定の片寄を持つことになる。つまり肯定の答えを予想しているということは, 話者はどちらかというと (B) 現況的証拠 (会った) を信じているということが already 1 語あるために聴者に伝わるわけである。

(19)

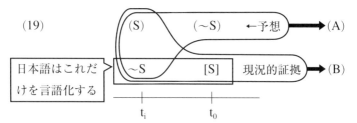

(A): You haven't seen him yet.
(B): You have already seen him.
肯定疑問文：否定（中立）の片寄り
already：肯定の片寄り
yet：否定の片寄り
→不一致の場合：極性表現の優位

それに対して (18b) Have you seen him yet?（もう彼に会いましたか）は，「あなたはいつか彼に会うだろうと思っていたが，現在（t_0）までには合っていないと思っている（A）。しかし，もう会ったという噂（現況的証拠）も耳にしたのだが（B）…→『もう彼に会ったの？』（(A) を信じている）」ということになる。先ほどの肯定疑問文の心理過程の説明に従うと，(A) 予想（会っていない）と (B) 現況的証拠（会った）の間に摩擦があり，話者は (B) 現況的証拠（会った）を疑問視し，意外だと思って (B) についての肯定疑問文を発する。これは否定の（中立の）片寄りを持ち，極性表現の yet も否定の片寄りを持つため (18b) は問題なく否定の片寄りを持つことになる。つまり否定の答えを予想しているということは，話者はどちらかというと (A) 予想（会ってない）を信じているということが，yet 1 語あるために聴者に伝わるわけである。

第17章　Have you seen him yet? はなぜ「もう彼に会いましたか？」なのか　　301

　(18a, b) に対する日本語がどちらもモウであるのは，(19) に示されているように，日本語は実際の認識あるいはそれに類するもの（この場合どちらも {t$_i$ の ～S（会っていない）→ t$_0$ の [S]（会った）に変わったこと}）を言語化し，その予想のあるなしは言語化しないためであると説明できる。日本語は (18a) Have you already seen him? と (18b) Have you seen him yet? の違いをマダ，モウで表現できないのである。

　最後に否定疑問文を見ておくことにする。

　(20)　a.　Haven't you seen him already?
　　　　　　（まだ彼に会っていないのですか）
　　　　b.　Haven't you seen him yet?　　　　（Quirk et al. (1972)）
　　　　　　（まだ彼に会っていないのですか）

(20) は (21) のように表示できる。(20a) Haven't you seen him already?（まだ彼に会っていないのですか）では，「あなたはもう彼に会っているだろうと思っていた (A)（予想）のに，聞くところによるとまだ会っていないとか (B)（現況的証拠）→『まだ会っていないのですか？（もう会ったんでしょう？）』((A) を信じている)」ということになる。先の否定疑問文の心理過程の説明に従うと，(A) 予想（会った）と (B) 現況的証拠（会っていない）の間に摩擦があり，話者は (B) 現況的証拠（会っていない）を疑問視し，意外だと思って (B)（会っていない）についての疑問文（否定疑問文になる）を発する。これは肯定の片寄りを持ち，極性表現の already の肯定の片寄りと一致し (20a) は肯定の片寄りを持つことになる。つまり肯定の答えを予想しているということは，話者はどちらかというと (A) 予想（会った）を

信じているということを示している。

(21)

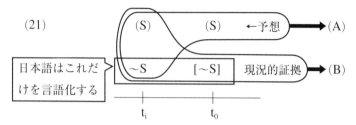

(A): You have already seen him.
(B): You haven't seen him yet.
否定疑問文：肯定の片寄り
already：肯定の片寄り
yet：否定の片寄り
→不一致の場合：極性表現の優位

(20b) Haven't you seen him yet?（まだ彼に会ってないのですか）も同様であるが，否定疑問文の肯定の片寄りが yet の否定の片寄りと一致しない。不一致の場合は極性表現のほうが優先されるため，結局 (20b) は否定の片寄りを持つことになる。つまり否定の答えを予想しているということは，話者はどちらかというと (B) 現況的証拠（会っていない）を信じているということを示している。

(20a, b) に対する日本語がどちらもマダであるのは，(21) に示されているように，日本語は実際の認識あるいはそれに類するもの（この場合どちらも $\{t_i$ の ～S （会っていない）→ t_0 の ［～S］（会っていない）で変化していない$\}$）を言語化し，その含意は言語化しないためであると説明できる。日本語は (20a) と (20b)

第17章 Have you seen him yet? はなぜ「もう彼に会いましたか？」なのか　　303

の違いをマダ，モウで表現できないのである。

　(18)「もう彼に会ったのですか」が，(18a) Have you already seen him? と (18b) Have you seen him yet? の意味において曖昧であり，(20)「まだ彼に会っていないのですか」が，(20a) Haven't you seen him already と (20b) Haven't you seen him yet? の意味において曖昧であるということは，この節の前半で述べたように，日本語が「予想」の有る無しの区別をしないということから説明され得るといえるだろう。

4．結語

　この小論では，yet に焦点を当て，その出現を包括的に扱うには，これら自体の語の意味（手続き的意味）を考えないでは説明がつかないこと，日本語のマダとモウが yet と already，さらに still と any more とどのような関係にあるかということについて考察した。

　これらは，yet や already といった副詞が初めて出てくる中学校ではなく，これらの副詞が当たり前のように使えるようになった高校の英語の授業において，導入するのが適当だと思われる。日本語と英語の違いを改めて意識し，外国語を学ぶことやことばそのものの仕組みに，改めて興味を持つきっかけになることが期待できる。

参考文献

Blakemore, Diane（1987）*Semantic Constraints on Relevance*, Blackwell, Oxford.

Bolinger, Dwight（1977）*Meaning and Form*, Longman, London.

Horn, Laurence（1970）"Ain't it hard（anymore），" *CLS* 6, 318-327.

太田朗（1980）『否定の意味』大修館書店，東京.

クワーク，R. ほか（池上嘉彦 訳）（1977）『現代英語文法 大学編』紀伊國屋書店，東京.

Quirk, R., S. Greenbaum, G. Leech and J. Svartvik（1985）*A Comprehensive Grammar of the English Language*, Longman, London.

吉村あき子（1989）「Yet についての一考察」*Osaka Literary Review* 28, 16-29, 大阪大学大学院英文学談話会.

索　引

1.　日本語は五十音順で，英語（で始まるもの）は ABC 順で最後に一括して並べている。
2.　～は直前の見出し語を代用する。
3.　数字はページ数を示す。

［あ行］

あいまい母音　252
アクセント　250
アクセント規則　259
一般的な語（general word）　97
一方性（unidirectionality）　4
意味　89, 91, 92, 97
意味の漂白化（bleaching）　6
迂言助動詞　113
押し引き動詞　181
音節　259
音節量　262

［か行］

外界照応　204
解釈型文型　126
概念的意味　289
概念表示　289
外来語　259
格配列パターン　272

過去形動詞　233
過去分詞　71
可算名詞　200
片寄り　297
仮定法　221
　～の伝播　246
仮定法過去　244
含意動詞（implicative verbs）
　160
冠詞　198
機能範疇　124
旧情報　85
強限定　207
強勢の空き　257
強勢の衝突　257
極性表現　300
近接性の原理（proximity principle）　160
繰り返し　188
形式　91, 92, 98
形容詞の MARKED　77
形容詞の UNMARKED　77

305

形容詞用法
　〜（後置修飾）　73
　〜（前置修飾）　71
結果構文　279-282
結果述語　140
原級　77
原形不定詞　158
限定詞　198
限定性　202
厳密な同一性　209
5文型　105
　〜と齋藤秀三郎　121
　〜の位置　123
　〜の概念　124
　〜の記述上の欠点　132
　〜の始祖　120
　〜の歴史　120
語彙的制約　207
行為の影響　184
後期近代英語期（1700-1900）
　11
肯定的片寄り　297
構文選択　58
構文パタン　89
　〜（動詞型）　97
後方照応　205
後方転移読み　223, 236
語順の固定化　271
個体　202
個別的指示　93

［さ行］

再帰代名詞　109
最上級　75
使役動詞　158
思考動詞　158
指示（reference）行為　92
指示的　200
時制（tense）　218, 233
時制の一致　222, 235
　〜の作用方向　238
時制要素　112
自他動詞の交替可能性　276
自動詞　138
弱起の曲　256
弱限定　206
尺度的　44, 45
集合　22
自由選択（free choice）　49
重層化　3
主観化（subjectification）　4
主語の確立　271
述語動詞　110
種類　202
準動詞　114
焦点的　44
情報構造　85, 88
叙述　22
助動詞　107
助動詞化　6
所有文　274
新情報　85, 87, 88
真理条件　289

図／地の反転（figure／ground reversal）　55

図／地の分化（figure／ground segregation）　55

図／地の分化と反転　56, 68

「する」型言語　268, 278, 282

摂取動詞　182, 183, 186

接触動詞　182

切断動詞　181, 187

セッティング（setting）　62

〈セッティング／参与者〉の反転　61, 67

セッティング主語構文（setting-subject construction）　62

前景化／背景化　68

前方照応　204

全面的影響　189

相関性　42

総称的　202

総称的指示／表現／用法　92, 93, 95-97, 99

相助動詞　115

尊敬語　274

［た行］

第2強勢　257

高さアクセント　251, 252

打撃動詞　181, 187

脱範疇化　4

他動詞　138

他動詞化　141-143

他動詞構文　184

〜と働きかけ構文の意味の違い　186

他動詞文の構造パターン　148, 152

他動性　278-282

談話　201

知覚動詞　158

知的意味（propositional meaning）　98

直説法　221

「付け足し」表現　43, 46

強さアクセント　251, 255

定冠詞　80, 198

定形節　158

程度詞（Deg）　36

手続き的意味（procedural meaning）　289

同意関係　58

統語範疇　124

同時読み　223, 236

同族目的語　142

同族目的語構文　142

倒置構文　86, 88, 97

　〜（仮定法の場合）　88

同定可能性　202

同等比較　39

動能構文　180

時（time）　233

特殊化　3

特定性　202

独立読み　241

トラジェクター（trajector）　62, 66

［な行］

「なる」型言語　270, 278, 282
二重アクセス　240
　〜読み　240
二重接触　224
日英語の比較　242
認識動詞　167

［は行］

破壊動詞　187
裸単数可算名詞　209
働きかけ構文　180, 184
発話型文型　126
発話時点　241
発話動詞　158
パラフレーズの関係　58
反復（reiteration）　97
比較級　75
比較削除（comparative deletion）
　37
比較表現　75
非指示的　200
非対格仮説　145
非対格動詞　144
非対称性　50
非定形節　225, 226
否定的片寄り　297
非能格動詞　143
付加疑問文　109
不可算名詞　200
不定冠詞　80, 198

不定詞関係節　22, 227
不定詞疑問節　226
不定詞節　228
不定詞の形容詞的用法　19
普遍的真理　239
プロセス的認知　59
分岐化　3
文型から文構造へ　123
噴射動詞　181
文法化　2
文法不要論　122
文法訳読法不要論　122
文法用語　18
平板アクセント　254
法助動詞　115
保持化　4
補文構造のスケール（complemen-
　tation scale）　158
補文標識　37, 163, 164

［ま行］

マダ　290
見かけ上の過去形　235
未来時制　218
無冠詞　199
無生物主語　277
命令文　108
メタファー（隠喩）　6
メトニミー（換喩）　6
モウ　290
モーラ　259
モダリティ　220

モノ的認知　59

［ら行，を］

ランドマーク（landmark）　62, 66
リズム規則　258
略式の同一性　209
類型論的特性　282
「を」格名詞句と「に／で」格名詞
　句の意味の違い　191

［英語］

a（an）　80
already　285
any　81

any more　290
BSCN　209
Determiner　78
for NP 句　28
It ～ Adj for NP to VP　24
Onions と細江逸紀　121
some　81
still　290
SVO の問題点　127
the　79
to 不定詞　114, 158
will　218, 219, 224
would　220, 223
Yes-No 疑問文　112
yet　285

【編者紹介】

池内正幸（いけうち　まさゆき）名古屋外国語大学　外国語学部　教授
窪薗晴夫（くぼぞの　はるお）　国立国語研究所　副所長・教授
小菅和也（こすげ　かずや）　武蔵野大学　教育学部　教授

英語学を英語授業に活かす
―― 市河賞の精神を受け継いで ――

2018 年 9 月 25 日　第 1 版第 1 刷発行ⓒ

編　者　　池内正幸・窪薗晴夫・小菅和也
発行者　　武村哲司
印刷所　　日之出印刷株式会社

発行所　　株式会社　開　拓　社
〒113-0023 東京都文京区向丘 1-5-2
電話　（03）5842-8900（代表）
振替　00160-8-39587
http://www.kaitakusha.co.jp

ISBN978-4-7589-2259-3　C3082

JCOPY ＜出版者著作権管理機構　委託出版物＞

本書の無断複製は著作権法上での例外を除き禁じられています。複製される場合は，そのつど事前に，出版者著作権管理機構（電話 03-3513-6969，FAX 03-3513-6979，e-mail: info@jcopy.or.jp）の許諾を受けてください。